HISTORIQUE

DU

3ᵉ CORPS DE L'ARMÉE D'ITALIE

Commandé par le Maréchal CANROBERT

PENDANT LA CAMPAGNE DE 1859.

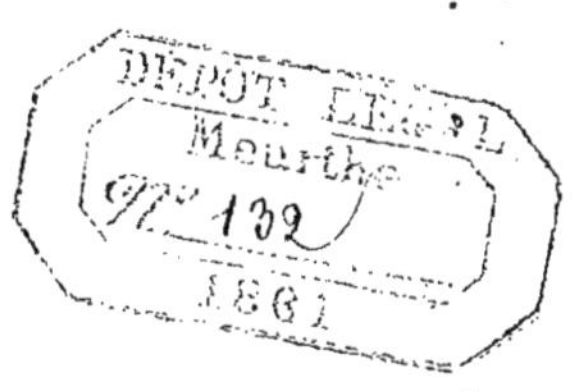

DÉDIÉ AUX TROUPES DU 3ᵉ CORPS

par

LE CHEF D'ESCADRON D'ÉTAT-MAJOR CLÉMEUR,

ATTACHÉ A L'ÉTAT-MAJOR GÉNÉRAL DE CE CORPS.

DEUXIÈME ÉDITION.

NANCY,

IMPRIMERIE DE HINZELIN ET Cⁱᵉ, RUE SAINT-DIZIER, 67.

—

1861.

En dédiant cet Historique à nos anciens camarades du 3ᵉ Corps de l'armée d'Italie, notre seul désir est de pouvoir leur être agréable par les souvenirs qu'un pareil ouvrage sera à même de leur rappeler.

Ils ne trouveront en lui qu'un modeste journal, rédigé d'après des notes prises chaque jour pendant la campagne, et n'aspirant à d'autre mérite qu'à celui d'une exactitude aussi rigoureuse que possible.

Pour ajouter à son utilité, nous avons cru devoir y indiquer sommairement les mouvements généraux des autres corps d'armée, afin de coordonner avec eux ceux du 3ᵉ, et donner ainsi un aperçu de l'ensemble des opérations.

Si ce faible essai peut être assez heureux pour offrir quelque intérêt à ceux qui ne recherchent que la vérité, notre but sera plus qu'atteint.

CAMPAGNE D'ITALIE DE 1859.

HISTORIQUE DU 3e CORPS.

 20 AVRIL 1859. — DÉPART DE NANCY DE S. EXC. M. LE MARÉCHAL CANROBERT.

 Le 20 avril, le Maréchal Canrobert, commandant supérieur des divisions militaires de l'Est, est appelé de Nancy à Paris par dépêche télégraphique, pour recevoir de l'Empereur le commandement du 3e corps de l'armée qui va être dirigée sur l'Italie, et qui prend d'abord la dénomination d'ARMÉE DES ALPES.

Dans la nuit du 21 au 22 avril, une autre dépêche télégraphique prescrit à l'état-major général du commandement supérieur de l'Est, de se rendre sur-le-champ à Grenoble, où il devra rejoindre le Maréchal, chargé d'organiser, le plus promptement possible, son corps d'armée.

23 AVRIL. — ARRIVÉE A LYON.

23 avril.

Arrivé à Lyon le 23 avril, le Maréchal s'y arrête avec ses officiers. Pensant qu'en cette ville il trouvera un concours très-utile près des autorités et de l'administration militaires, pour la formation de son corps d'armée, il informe M. le Ministre de la guerre que son intention eet de ne pas transporter son quartier-général à Grenoble, mais de rester à Lyon, où se trouve déjà une de ses divisions (la 2ᵉ).

Le Ministre approuve cette disposition.

Le 3ᵉ corps d'armée doit être composé de la manière suivante :

3ᵉ CORPS D'ARMÉE.

QUARTIER GÉNÉRAL.

Commandant en chef : S. Exc. M. le Maréchal Canrobert ;

Aides-de-camp :

MM. de Cornély, colonel d'état-major ;

Berthaut, chef d'escadron d'état-major (1) ;

Officiers d'ordonnance :

MM. de Molènes, capitaine au 6ᵉ lanciers ;

de Lostanges, sous-lieutenant au 8ᵉ chasseurs (2).

(1) Nommé lieutenant-colonel, et obligé de rentrer, le 1ᵉʳ juin, en France, il fut remplacé près du Maréchal par le capitaine Armand.

(2) Plus tard, à Alexandrie, furent adjoints, comme officiers d'ordonnance, MM. *Vimercati*, capitaine de cavalerie piémontaise ; *Lachasse de Vérigny*, capitaine au 2ᵉ de ligne ; *de Gantès*, capitaine au 2ᵉ chasseurs à cheval.

Etat-major général :

MM. de Senneville, colonel, chef d'état-major général (1);
Clémeur, chef d'escadron faisant fonctions de sous-chef;
Bourgeois, capitaine d'état-major;
Vanson, capitaine d'état-major (2).

Artillerie.

Commandant : Le général de brigade Courtois d'Hurbal;
Chef d'état-major : Le lieutenant-colonel Ducasse;
Sous-directeur du parc : Le commandant Chevaudret, remplacé ultérieurement par le colonel Bertrand, commandant l'artillerie de réserve.

Génie.

Commandant : Le général de brigade Chauchard;
Chef d'état-major : Le colonel Bodson de Noirfontaine;
Attaché à l'état-major : Le commandant de Brévans.

Intendance du quartier-général.

MM. Mallarmé, intendant divisionnaire, chef de service;
de Juge, sous-intendant de première classe;
Pézeril, adjoint de première classe.
Prévôt : M. Arnaud de Saint-Sauveur, chef d'escadron de gendarmerie.
Service de santé : MM. Thomas, médecin principal;
Quesnoy, médecin-major.
Aumônier : M. l'abbé Castaing.
Payeur principal : M. Dubard.

(1) Tué à Magenta; il fut remplacé par le colonel d'état-major Besson.

(2) Furent adjoints à l'état-major général : MM. *Pérossier,* capitaine, *Bourelli* et *Caillo,* lieutenants d'état-major, faisant leur stage régimentaire. Après la mort du général Bouat, à Suze, son aide-de-camp, le commandant Boyer, fut attaché à l'état-major général du 3e corps.

Vers la fin de la campagne, à Volta, le lieutenant-colonel Faure fut envoyé également à cet état-major comme sous-chef.

1re Division d'Infanterie.

Commandant : Le général de division Renault.
Aide de-camp : M. Dumas, capitaine d'état-major.
Officier d'ordonnance : M. Lamirault, capitaine au 46e.
Etat-major : MM. le baron Anselme, colonel, chef d'état-
           major ;
           Colson, chef d'escadron d'état-major ;
           Duvernay, capitaine d'état-major ;
           Colin, capitaine d'état-major.
Commandant de l'artillerie. — Chef d'escadron : M. Bar-
bary de Langlade.
Commandant du génie. — Chef de bataillon : M. Massu.
Sous-Intendant : M. Parmentier.
Prévôt : M. Cartry, capitaine de gendarmerie.

1re BRIGADE : GÉNÉRAL PICARD.

Aide-de-camp : Le capitaine Sonnois.
8e bataillon de chasseurs : M. Merle, chef de bataillon.
23e de ligne : MM. Auzouy, colonel.
           de Solignac, lieutenant-colonel.
90e de ligne : MM. Charlier, colonel.
           Roudière, lieutenant-colonel.

2e BRIGADE : GÉNÉRAL JANNIN.

Aide-de-camp : Le capitaine Baligand.
41e de ligne : MM. Bourjade, colonel.
           Paër, lieutenant-colonel.
56e de ligne : MM. Doens, colonel.
           de Luxer, lieutenant-colonel.
Artillerie : 9e batterie du 8e régiment.
         11e batterie du 12e régiment.

Génie : 3ᵉ compagnie du 1ᵉʳ bataillon du 2ᵉ régiment du génie.
Train des équipages : 1ʳᵉ compagnie du 4ᵉ escadron.

2ᵉ Division d'Infanterie.

Commandant : Le général de division Bouat.

Aide-de-camp : M. Boyer, chef d'escadron d'état-major.

Etat-major : MM. de Place, lieutenant - colonel, chef
d'état-major;

du Fresnel, chef d'escad. d'état-major;

du Quesnay, capitaine d'état-major;

Lucas, capitaine d'état-major.

Commandant de l'artillerie. — Chef d'escadron : M. La-
portalière.

Commandant du génie. — Chef de bataillon : M. Rémond.

Sous Intendant : M. Gayard.

Aumônier : M. l'abbé Etienne Blanc.

Prévôt : M. Boutard, capitaine de gendarmerie.

1ʳᵉ Brigade : Général Bataille.

Aide-de-camp : Le capitaine de Miribel.

19ᵉ bataillon de chasseurs : M. Le Tourneur, chef de bataillon.

43ᵉ de ligne : MM. Broutta, colonel.

Courbier, lieutenant-colonel.

44ᵉ de ligne : MM. Pierson, colonel.

Vendenheim, lieutenant-colonel.

2ᵉ Brigade : Général Collineau.

Aide-de-camp : Le capitaine Fouque.

64ᵉ de ligne : MM. d'Esgrigny, colonel.

Boris, lieutenant-colonel.

88ᵉ de ligne : MM. Sanglé-Ferrière, colonel.

Anthoine, lieutenant-colonel.

Artillerie :   7ᵉ batterie du 7ᵉ régiment.
10ᵉ batterie du 8ᵉ régiment.
Génie : 5ᵉ compagnie du 1ᵉʳ bataillon du 3ᵉ régiment.
Train : 3ᵉ compagnie du 4ᵉ escadron.

3ᵉ Division d'Infanterie.

Commandant : Le général de division Bourbaki.
Aides-de-camp : MM. Boquet, capitaine d'état-major ;
Leperche, capitaine d'état-major.
Officier d'ordonnance : M. Dufresne, lieutenant.
État-major : MM. Martenot de Cordoux, lieutenant-co-
lonel, chef d'état-major ;
de Laurencel, capitaine d'état-major ;
Wytz,   id.
de la Tour du Pin,   id.
Commandant de l'artillerie.— Chef d'escadron : M. Soleille.
Commandant du génie. — Chef de bataillon : M. Jahan.
Sous-Intendant : M. Viriot.

1ʳᵉ Brigade : Général Trochu.

Aide-de-camp : Le capitaine Capitan.
18ᵉ bataillon de chasseurs : M. Avril de l'Enclos, chef de
bataillon ;
11ᵉ de ligne : MM. Gelly de Montcla, colonel.
Vergnes, lieutenant-colonel.
14ᵉ de ligne : MM. Duplessis, colonel.
Barry, lieutenant-colonel.

2ᵉ Brigade : Général Ducrot.

Aide-de-camp : Le capitaine de Salles.
46ᵉ de ligne : MM. Blaise, colonel.
Ponsard, lieutenant-colonel.
59ᵉ de ligne : MM. Hardy de Largère, colonel.
Esmieu, lieutenant-colonel.

Artillerie : 7e batterie du 9e régiment, 12e du 11e.
Génie : 1re compagnie du 1er bataillon du 2e régiment.
Train : 1re compagnie du 2e escadron.

Division de Cavalerie.

Commandant : Le général de division Partouneaux.
Aide-de-camp : M. Cellier de Lemple, capitaine.
Etat-major : MM. de Gaujal, lieutenant - colonel, chef
           d'état-major ;
           de Belgarrie, chef d'escad. d'état-major;
           Barry, capitaine d'état-major.
Sous-intendant : M. Laurent.

1re BRIGADE : GÉNÉRAL DE CLÉRAMBAULT.

2e de hussards : MM. L'Huillier, colonel.
           Le Bègue de Germiny, lieut.-colonel.
7e de hussards : MM. de Lacombe, colonel.
           Rufin, lieutenant-colonel.

2e BRIGADE : GÉNÉRAL DE LAPÉROUSE.

6e de hussards : MM. de Valabrègue, colonel.
           Cousin, lieutenant-colonel.
8e de hussards : MM. de Fontenoy, colonel.
           de Mathan, lieutenant-colonel.
Artillerie : 6e batterie du 15e régiment.
Réserve d'artillerie du corps d'armée :
         5e et 8e batteries du 7e régiment ;
         3e et 7e batteries du 17e régiment ;
         17e batterie principale du 1er régiment ;
commandée plus tard par M. le colonel Bertrand.
Réserve du génie : 7e compagnie du 1er bataillon du 2e ré-
     giment.

EMPLACEMENTS DES TROIS DIVISIONS D'INFANTERIE A L'ÉPOQUE DU 24 AVRIL.

Les trois divisions d'infanterie qui doivent former le 3ᵉ corps occupent les emplacements suivants à l'époque du 24 avril :

La 1ʳᵉ division (Renault), venue d'Afrique, occupe Grenoble et les environs. Ses cantonnements, qui s'étendent jusqu'à Fort-Barreaux, Pont-de-Beauvoisin et Moirans, ont été réglés par les soins de M. le général de brigade Vergé, commandant le département de l'Isère, d'après les ordres du Maréchal Castellane, commandant les départements du Sud-Est. Cette division a un effectif de 350 officiers, 9,800 hommes et 667 chevaux et mulets.

La 2ᵉ division (Bouat) est à Lyon même, à l'exception des quatre bataillons suivants, qui sont détachés :

Le 2ᵉ bataillon du 43ᵉ à Pierre-Châtel ;

Le 1ᵉʳ bataillon du 44ᵉ à Fort-l'Ecluse et Bellegarde ;

Le 1ᵉʳ bataillon du 64ᵉ à Bourg ;

Le 1ᵉʳ bataillon du 88ᵉ à Saint-Rambert.

Cette division présente un effectif de 322 officiers, 7,800 hommes et 464 chevaux et mulets.

La 3ᵉ division (Bourbaki), venant de Gap, où elle

a été formée, occupe Briançon, Embrun, Queyras, Châteauroux, Mont-Dauphin et des cantonnements situés dans les environs de ces villes. Elle présente un effectif de 308 officiers et 8,500 hommes.

Quant à la division de cavalerie, les différents régiments qui la composent reçoivent l'ordre de se diriger de leurs garnisons respectives sur Suze. Le 2ᵉ hussards est à Vesoul, le 6ᵉ à Tours, le 7ᵉ à Avignon et Tarascon, le 8ᵉ à Niort et Angers.

Quoique les corps ne soient pas encore complètement munis de tous leurs effets de campement, M. le Ministre de la Guerre prescrit au Maréchal Canrobert de faire franchir, le plus tôt possible, à ses troupes, la frontière du Piémont par le Mont-Cenis et le Mont-Genèvre, et de concentrer son corps d'armée à Suze, où doit aussi être concentré le 4ᵉ corps.

Les 1ʳᵉ et 2ᵉ divisions d'infanterie traverseront les Alpes au Mont-Cenis, la 3ᵉ au Mont-Genèvre.

Pour assurer l'exécution de ces opérations, le Maréchal Canrobert invite, le 24 avril, M. l'intendant de la 8ᵉ division militaire à faire former un approvisionnement de huit jours de vivres à Montmeillan, pour une division de 8 à 9,000 hommes, et à y envoyer les employés nécessaires pour les distributions.

S. Exc. donne les mêmes ordres pour la formation d'un grand approvisionnement à Suze, où doit être envoyé à l'avance un sous-intendant intelligent avec un nombre suffisant d'employés d'administration.

M. l'intendant de la 8e division désigne à cet effet M. le sous-intendant de Lavalette, qui doit, autant que possible, faire des approvisionnements de pain et de viande fraîche, et avoir recours aux approvisionnements que l'administration sarde pourra mettre à sa disposition.

S. Exc. prescrit également des approvisionnements à Briançon et Saint-Jean-de-Maurienne, et pourvoit ainsi aux premiers besoins de ses troupes pour les marches qu'elles vont exécuter.

24 AVRIL. — LES TROIS DIVISIONS D'INFANTERIE REÇOIVENT L'ORDRE DE FRANCHIR LA FRONTIÈRE.

24 avril.

Le 24 avril, S. Exc. ordonne aux commandants des trois divisions de commencer leur mouvement pour franchir la frontière.

Le 25, le Maréchal requiert M. le payeur du département du Rhône de mettre d'urgence à la disposition de M. l'intendant de la 8e division militaire une somme de 50,000 fr. au moins, indispensable pour assurer les premiers achats nécessaires à des approvisionnements au-delà de la frontière

MOUVEMENT DE LA 1ʳᵉ DIVISION (RENAULT).

La 1ʳᵉ division, concentrée à Grenoble et dans les environs, reçoit l'ordre d'emporter quatre jours de vivres avec elle ; elle doit en prendre cinq à Mont-meillan, où des approvisionements ont été réunis.

La division est formée en deux colonnes.

La première, sous les ordres du général Jannin, se compose du 8ᵉ bataillon de chasseurs, du 41ᵉ de ligne, de la 3ᵉ compagnie du 1ᵉʳ bataillon du 2ᵉ régiment du génie et des 9ᵉ et 11ᵉ batteries des 8ᵉ et 12ᵉ régiments d'artillerie. Elle suit l'itinéraire ci-après :

26 avril : LE TOUVET (27 kil. de Grenoble) ;

27 — MONTMEILLAN (25 kil.) ;

28 — AIGUEBELLE (24 kil.) ;

29 — SAINT-JEAN-DE-MAURIENNE, LA CHAMBRE (33 kil.) ;

30 — MODANE (31 kil.), LE FOURNEAU, où se trouvent de vastes ateliers pour le percement du Mont-Cenis, dans lesquels a été logé le 41ᵉ ;

1ᵉʳ mai : LANS-LE-BOURG (25 kil.), où existe une grande caserne susceptible de loger 3 à 4,000 hommes ;

2 mai : SUZE (40 kil.), point de concentration.

La deuxième colonne, sous les ordres du général

Picard, formée des 23ᵉ, 56ᵉ et 90ᵉ de ligne, suit le même itinéraire que la première, à un jour de distance, et arrive à Suze le 3 mai.

Le voyage de cette division s'accomplit dans de bonnes conditions. Les troupes, malgré deux jours de mauvais temps et la longueur de plusieurs étapes, marchent bien ; il y a peu de traînards.

Le passage du Mont-Cenis s'effectue sans accident. Les corps, échelonnés d'heure en heure, ont mis onze heures pour parcourir la distance de 40 kil. qui sépare Lans-le-Bourg de Suze.

MOUVEMENT DE LA 2ᵉ DIVISION (BOUAT).

Le général Bouat reçoit l'ordre le 24 avril, de faire partir sa division par le chemin de fer de Lyon à Genève jusqu'à Culoz, et, de là, par celui de Victor-Emmanuel jusqu'à Saint-Jean-de-Maurienne. Le mouvement commence le 25, à cinq heures et demie du matin, à la gare Sainte-Claire, à Lyon. Les convois se succèdent de quatre en quatre heures, emportant chacun environ 800 hommes et 30 chevaux et mulets. L'une des batteries part en deux convois, entre les deux brigades ; la seconde est embarquée après la 2ᵉ brigade, le 26 avril au soir.

Toutes les troupes emportent cinq jours de vivres de Lyon ; elles doivent quitter le chemin de fer savoisien à Saint-Jean-de-Maurienne, se rendre de là à Suze en trois étapes, et arriver dans cette dernière ville les 28 et 29 avril.

Les bataillons détachés à Bellegarde, Fort l'Ecluse, Bourg, Saint-Rambert et Pierre-Châtel, reçoivent l'ordre de prendre le chemin de fer dans les journées des 26 et 27 avril, avec cinq jours de vivres également, et d'arriver à Suze les 28 et 29 avril.

MOUVEMENT DE LA 3ᵉ DIVISION (BOURBAKI).

La 3ᵉ division est en train de se concentrer dans la vallée de la Durance, lorsque le Maréchal Canrobert envoie, le 24 avril, l'ordre au général Bourbaki de passer la frontière au Mont-Genèvre et de faire partir immédiatement pour Suze le 59ᵉ de ligne, qui se trouve réuni en entier à Briançon. Les autres corps de la division devront suivre ce mouvement sans perdre de temps, selon leur ordre de proximité de la frontière, de manière à se concentrer le plus tôt possible à Suze ou dans les environs.

Tous ces corps avaient reçu l'ordre de prendre les cantonnements suivants :

Le 18ᵉ bataillon de chasseurs devait arriver le 26 avril à Briançon ;

Le 11ᵉ de ligne, les 26 et 29 avril à Briançon et Monetier ;

Le 14ᵉ de ligne, les 23, 25 et 28 à Briançon, Monetier et Saint-Crépin ;

Le 46ᵉ de ligne, les 28 et 29 à Mont-Dauphin et Embrun ;

La compagnie du génie, le 23 à Mont-Genèvre.

Pour pouvoir exécuter l'ordre qu'il reçoit à l'improviste, de franchir la frontière, le général Bourbaki donne ses instructions en arrière, afin de supprimer les séjours, doubler les étapes et rapprocher toutes ses troupes le plus vite possible de Briançon.

Pendant leur route, ces troupes n'ont pu se procurer ni chevaux, ni mulets, ni effets de campement. Elles ont beaucoup à souffrir du froid.

La compagnie du génie, au col de Lautaret, est obligée de frayer un chemin dans les neiges pour le passage de différents corps.

Le département des Hautes-Alpes étant complètement dépourvu de ressources, le général prend d'urgence toutes les mesures nécessaires pour assurer l'existence des hommes et des chevaux, et, aidé par les ordres que le Maréchal donne de son côté, il presse de tout son pouvoir l'envoi et l'arrivée des objets de première nécessité. Il règle ensuite, ainsi qu'il suit, l'entrée en Piémont des troupes de sa division :

Le 28 avril : départ du général Ducrot avec deux bataillons du 59ᵉ et 1ᵉʳ bataillon du 11ᵉ ;

29 avril : départ du 2ᵉ bataillon du 11ᵉ de ligne et du 18ᵉ bataillon de chasseurs ;

30 avril : départ de la compagnie du génie, de la 7ᵉ batterie du 9ᵉ d'artillerie et du 3ᵉ bataillon du 11ᵉ de ligne ;

Le 1ᵉʳ mai : départ de la 11ᵉ batterie du 12ᵉ d'artillerie, du 3ᵉ bataillon du 59ᵉ et de la compagnie légère du train des équipages ;

Le 2 mai : le général Trochu partira avec les trois bataillons du 14ᵉ ;

Le 3 mai : départ des trois bataillons du 46ᵉ.

Les troupes des 1ʳᵉ et 2ᵉ divisions, logeant à Suze chez les habitants, par suite du mauvais temps qui n'a cessé de régner depuis le 28 avril, la 3ᵉ division devra occuper les cantonnements suivants, à proximité de la ville :

A Oulx : la 11ᵉ batterie du 12ᵉ d'artillerie, les 2ᵉ et 3ᵉ bataillons du 46ᵉ ;

A Salbertran : le 1ᵉʳ bataillon du 46ᵉ, le 3ᵉ bataillon du 44ᵉ ;

A Exiles : la 7ᵉ batterie du 9ᵉ d'artillerie, le 18ᵉ bataillon de chasseurs, les 1ᵉʳ et 2ᵉ bataillons du 14ᵉ ;

A Chiomont : les 1ᵉʳ, 2ᵉ et 3ᵉ bataillons du 59ᵉ (le 3ᵉ campé), le 1ᵉʳ bataillon du 11ᵉ, les deux brigades de gendarmerie ;

A Gravières : le 2ᵉ bataillon du 11ᵉ, la compagnie du génie ;

A Giaglione : le 3ᵉ bataillon du 11ᵉ ;

A Suze : la compagnie légère du train.

Avant son départ de Lyon pour Suze, le Maréchal, qui devait aussi commander provisoirement toutes les troupes du 4ᵉ corps, concentrées dans cette dernière localité, avait prescrit, le 26 avril, à M. le général Niel, commandant en chef ce corps, de faire partir de Lyon pour Suze, par le chemin de fer, deux escadrons du 2ᵉ de chasseurs à cheval, afin d'avoir immédiatement quelques cavaliers à sa disposition.

Les deux autres escadrons de ce régiment et le 10ᵉ régiment de chasseurs, qui complétaient la brigade de cavalerie attachée au 4ᵉ corps, reçurent l'ordre de partir pour Suze par Grenoble, Montmeillan et Saint-Jean-de-Maurienne.

Le 27, le Maréchal prescrivit encore à M. le général Niel de faire partir le plus tôt possible, pour Suze, toutes les compagnies du génie de son corps, qui pouvaient y être d'une grande utilité.

ARRIVÉE DU MARÉCHAL A SUZE LE 28 AVRIL AU SOIR.

28 avril.

C'est après avoir donné, à Lyon, tous les ordres nécessaires pour le départ des troupes du 3ᵉ corps et pourvu, autant que possible, à leurs premiers besoins par les soins de l'administration de la 8e division militaire, en prescrivant des approvisionnements à Briançon, Montmeillan, Saint-Jean-de-Maurienne et Suze, que le Maréchal partit pour cette dernière ville, où il arriva le 28 au soir.

CONCENTRATION A SUZE, DU 28 AVRIL AU 3 MAI.

Les troupes du 3e corps mirent du 28 avril au 3 mai pour arriver à Suze et dans les environs; les deux premières divisions, comme on l'a vu, furent logées dans la ville même; la troisième, dans des cantonnements sur la route du Mont-Genèvre. Le 4e corps fut porté à quelque distance en avant, sur la route de Turin.

Suze, petite ville de 2,583 habitants, est située au pied du Mont-Cenis, à 53 kil. de Turin, au confluent de deux rivières, la Cinise et la Dora-Riparia, et à l'embranchement des deux routes du Mont-Cenis et du Mont-Genèvre. Ce nœud de routes par lesquelles on débouche des Alpes, en fait un point très-important, connu sous le nom de Pas de Suze.

POSITIONS OCCUPÉES PAR LES ARMÉES SARDES ET AUTRICHIENNES.

Pour couvrir Turin, l'armée piémontaise avait

choisi une position défensive derrière la Dora-Baltéa, depuis le point culminant de Massé jusqu'au confluent avec le Pô, à Calcia-Vacca. Des retranchements avaient été élevés sur cette ligne, qui s'étendait sur un espace de quatre lieues, et dont la défense avait été confiée au général de division Cialdini, qui avait sous ses ordres 26 bataillons, 8 escadrons et 9 batteries.

Le reste de l'armée sarde occupait, sur la rive droite du Pô, la vallée inférieure de la Scrivia, la place d'Alexandrie et les positions de Bassignana et San-Salvadore à 10 et 12 kil. au nord-est et nord-ouest de cette place.

Les Autrichiens (1) ayant passé le Tessin le 29 avril, occupaient Mortara le 30, s'emparaient, le 2 mai, de Verceil, et prenaient de fortes positions dans l'angle formé par le Tessin et le Pô. Des têtes de ponts sur cette rivière, à Stella, au-dessous de Pavie, et à Gérola, près du confluent du Tanaro, leur permettaient de déboucher sur la rive droite. Au moyen de

______

(1) Trois corps d'armée, commandés par le feldzeugmestre comte Giulay.

Au commencement de la campagne, l'armée autrichienne ne comprenait d'abord que ces trois corps, sous le commandement du comte Giulay. Elle fut ensuite augmentée successivement de sept autres corps, et forma plus tard deux armées ; la première, commandée par le feldzeugmestre comte Wimpffen, la deuxième par le général de cavalerie comte Schlick. A la bataille de Solferino, l'empereur d'Autriche, François-Joseph, avait le commandement en chef de ces deux armées.

Verceil, ils pouvaient manœuvrer sur la rive gauche et menacer Turin.

29 AVRIL. — RECONNAISSANCE DE LA POSITION DE LA DORA—BALTÉA.

29 avril.

Dans la matinée du 29, le Maréchal Canrobert, ainsi que les généraux Niel, commandant le 4e corps, et Frossard, commandant le génie de l'armée, accompagnèrent le roi Victor-Emmanuel sur la position de la Dora-Baltéa. Le Maréchal trouva que cette position, par suite de son étendue et de la nature même du terrain, n'était pas dans des conditions favorables pour une bonne défense.

Les eaux de la rivière étaient très-basses, et le lit, large comme celui de tous les cours d'eau de ce bassin, était boisé partout. Les berges, couvertes également de taillis, étaient accessibles presque sur tous les points. L'ennemi pouvait donc en approcher facilement sans être aperçu, ce qui présentait un inconvénient des plus graves pour une position défensive.

Il eût fallu, en outre, un déploiement de troupes énorme pour défendre efficacement cette position, qui, d'un autre côté, était trop rapprochée des points de retraite sur Suze et de la capitale, pour laquelle on pouvait craindre, en cas d'échec, le sort d'une ville prise d'assaut.

Une autre position, reconnue sur la Stora, plus proche encore de Turin, offrait les mêmes inconvénients.

Le Maréchal émit l'avis qu'en jetant des troupes le plus tôt possible dans les places fortes d'Alexandrie et de Casale, on protégerait bien plus efficacement la ville de Turin contre une attaque de la part d'un ennemi qui verrait son flanc gauche et ses derrières menacés par ces troupes, si, des positions occupées par lui derrière la Sésia, il s'avançait sur la capitale.

Ce plan fut approuvé par l'Empereur et le roi Victor-Emmanuel. La suite prouva que son exécution eut une immense influence sur les premières opérations de la campagne, en jetant l'ennemi, dès le principe, dans l'indécision et en le forçant à renoncer à sa marche offensive sur Turin.

En abandonnant cette offensive, par suite de la crainte que lui inspira, pour ses communications, la présence des alliés à Alexandrie et à Casale, le feld-zeugmestre comte Giulay, commandant l'armée autrichienne, alla accumuler, ainsi qu'on le verra plus tard, toutes ses forces et ses moyens de défense dans l'angle formé par le Pô et le Tessin. Ce fut cette concentration même qui suggéra à l'Empereur Napoléon la pensée d'une manœuvre des plus hardies, dont l'exécution, dirigée par Sa Majesté avec autant d'habileté que de bonheur, devait obtenir un résultat magnifique,

celui de tourner l'extrême droite de l'ennemi par Novare, de surprendre le passage du Tessin dans les
environs de cette ville et de conquérir, à Magenta, la
capitale de la Lombardie.

On voit donc, par là, de quelle importance straté-
gique furent les premiers mouvements exécutés, dès
le début de la campagne, d'après les conseils du Maréchal Canrobert, et quelles en furent les heureuses
conséquences.

Le 6 mai, toutes les troupes des 3e et 4e corps, et la
brigade de cavalerie légère du général Niel, devaient
avoir débouché en Piémont. Aussi, pour ne pas perdre de temps, le Maréchal, à son retour à Suze,
prescrit que, dès le lendemain matin, la 2e division
(Bouat) commencerait le mouvement de marche sur
Turin et Alexandrie, par le chemin de fer de Suze
à Turin et celui qui relie cette ville à Alexandrie.
Des ordres sont donnés en même temps en arrière
pour activer l'arrivée des différentes colonnes à Suze
et dans les cantonnements les plus rapprochés.

Sept heures sont nécessaires pour faire le trajet de
Suze à Alexandrie, par le chemin de fer.

30 AVRIL. — DÉPART DES TROUPES DES 3e ET 4e CORPS
POUR ALEXANDRIE. — MORT DU GÉNÉRAL BOUAT.

30 avril.

Les troupes de la division Bouat commencent donc

le mouvement le 30 avril au matin. Cet officier général meurt subitement, dans la soirée du même jour, de la rupture d'un vaisseau de la poitrine. Il est remplacé dans son commandement par le général de brigade Trochu, qui reçoit peu après sa nomination de général de division, et auquel succède le général Vergé dans le commandement de la 1re brigade de la 3e division. La 1re brigade de la 2e division (général Bataille) arrive en entier dans la journée du 30 à Turin, et y reste la journée du lendemain.

Le Maréchal retourne dans cette capitale, puis se rend à Alexandrie, afin d'assister, dans cette ville, à l'arrivée et à l'installation de ses troupes. Deux officiers de son état-major général, le commandant Clémeur et le capitaine Vanson, sont laissés à Suze pour régler, jour et nuit, l'embarquement des troupes sur le chemin de fer. Ce chemin, qui n'a qu'une voie jusqu'à Turin, offre peu de facilités pour le départ de convois rapprochés. Un de ces convois, lorsqu'il ne se compose que d'infanterie, peut emporter jusqu'à 1,000 hommes dans 35 ou 40 vagons de 30 ou 24 places.

6 MAI. — CONCENTRATION A ALEXANDRIE.

6 mai.   Les troupes du 3e corps mettent du 30 avril au 6 mai pour se réunir à Alexandrie. Aucun accident n'a

eu lieu pendant tous les trajets exécutés dans cet intervalle. Un bataillon du 43e (commandant Duhamel) a été envoyé à Casale, et mis à la disposition du général Frossard, pour des travaux de fortification et la construction d'une forte tête de pont.

La présence de troupes françaises dans cette place, si près de leur flanc gauche et possédant une tête de pont, dut certainement donner aux Autrichiens des inquiétudes sérieuses pour leurs communications.

Aussitôt que les troupes de la dernière division de son corps d'armée sont arrivés à Alexandrie, le Maréchal ordonne que des cantonnements soient pris dans les environs de la ville, afin d'y éviter un trop grand encombrement.

La division Renault est désignée pour aller cantonner, la division Trochu pour occuper une portion de la ville, et la division Bourbaki pour occuper la citadelle d'Alexandrie.

CANTONNEMENTS DE LA DIVISION RENAULT.

En conséquence, d'après les ordres qui lui sont donnés, la division Renault prend les cantonnements suivants, le 6 mai, sur la rive droite du Tanaro :

Quartier-général, à Casal-Bagliano (5 kil. s.-o. d'Alexandrie) ;

Première brigade (Picard), entre la route d'Acqui et la Bormida, de Cantolupo au fort d'Acqui;

Deuxième brigade (Jannin), entre la route d'Acqui et le Tanaro, depuis Villa-del-Fozo jusqu'à Casa-dele-Boche;

Artillerie : à la Rosta, sur la route d'Acqui.

Les officiers sont logés dans les maisons, la troupe dans des granges et sous des hangars. On trouve partout beaucoup de paille. Un marché est établi à Casal-Bagliano pour les fruits et les légumes. L'administration française fait des transports de denrées d'Alexandrie sur les cantonnements; les voitures, à leur retour, évacuent les malades sur l'hôpital de la ville.

8 MAI.

8 mai.

Le 8 mai, la 3ᵉ division (Bourbaki) reçoit l'ordre de fournir chaque jour 500 travailleurs et sa compagnie du génie, pour exécuter des travaux de fortification en avant d'Alexandrie, sous la direction de M. le général Chauchard, commandant le génie du 3ᵉ corps.

10 MAI. — NOUVEAUX CANTONNEMENTS PRÈS DE VALENZA, DES 1ʳᵉ ET 3ᵉ DIVISIONS.

10 mai.

Le 10 mai, les divisions Renault et Bourbaki reçoivent l'ordre de partir, la première de ses cantonnements, et la deuxième de la citadelle d'Alexandrie, pour aller prendre des cantonnements en avant, près de Valenza, et surveiller les rives du Pô et du Tanaro, où des partis autrichiens avaient fait des démonstrations contre les avant-postes piémontais qui les avaient repoussées.

La division Renault s'étendra jusqu'à Valenza, où sera établi le quartier-général de la division. Cette ville, à 12 kilomètres nord d'Alexandrie, sur la rive droite du Pô, a 7,000 habitants.

La division Bourbaki sera cantonnée à la gauche de la division Renault. Son quartier-général sera à Monte (5 kil. nord-ouest de Valenza).

Les approvisionnements de ces divisions sont assurés par deux convois, qui partent d'Alexandrie dans la journée, par le chemin de fer passant par Valenza et allant à Novare.

Les troupes de ces deux divisions sont réparties de la manière suivante dans leurs cantonnements :

PREMIÈRE DIVISION (RENAULT).

Première brigade (Picard).

A MUGARONE : le 23ᵉ, deux compagnies de chasseurs, deux sections d'artillerie;

A CASA-DEL-OCHE ET CASTELLO-MENADA : le 8ᵉ bataillon de chasseurs, une section d'artillerie;

A VALENZA : le 90ᵉ.

Deuxième brigade (Jannin).

A Monte-Castello : le 2e bataillon du 56e ;

A Rivarone : le 1er bataillon du 56e ;

A Pecetto : le 3e bataillon et l'état-major du 56e ;

A Bassignana : le 41e, deux compagnies du 8e bataillon de chasseurs, une section d'artillerie.

TROISIÈME DIVISION (BOURBAKI).
Première brigade (Vergé).

A Casabianca : la compagnie du génie, les services administratifs ;

A Monte : le 11e de ligne et le 14e, les deux batteries d'artillerie.

Deuxième brigade (Ducrot).

A Pomaro : le 46e ;

A Bezzole : le 59e ;

A Casina-Grossa : le 18e bataillon de chasseurs ;

A Lazzarone : un escadron piémontais mis à la disposition du général Bourbaki.

CANTONNEMENTS DU 4e CORPS ET DE L'ARMÉE SARDE.

Les 1re et 3e divisions se relient avec le 4e corps (Niel), qui prend des cantonnements à San-Salvadore, Castelletto, Montelli et les environs.

Le 4e corps forme ainsi une deuxième ligne, qui se relie, de son côté, avec l'armée sarde, dont le quartier-général est à Occimiano et qui occupe à sa droite Lu, et, à sa gauche, Casale et Frassinetto.

POSITIONS DES 1er ET 2e CORPS.

Le 1er et le 2e corps, sous le commandement provisoire du Maréchal Baraguey-d'Hilliers, occupent la vallée de la Scrivia, Novi, Gavi, et assurent les communications avec Gênes, où ils ont débarqué.

Les Autrichiens, après plusieurs démonstrations sur Valenza, Frassinetto et Casale, qui, toutes, ont été repoussées par les troupes piémontaises, avaient fait redouter un instant, par leurs reconnaissances, un coup de main sur Turin.

Mais, craignant sans doute pour leur flanc gauche et leurs communications, en voyant les positions occupées par les armées alliées, ils suspendent tout à coup leur marche en avant, se replient dans leurs positions de la Loméline, après avoir fait sauter le pont de Valenza, et massent des forces considérables depuis Verceil et Mortara, jusqu'au-delà de Pavie, sur le Tessin inférieur. Les deux ponts qu'ils ont jetés à Stella, près de Vaccarizza, et couverts par une forte tête de pont, leur permettent de manœuvrer sur la rive droite du Pô et d'occuper Stradella ainsi que les localités voisines, d'où ils dirigent journellement de fortes reconnaissances sur Voghera et Tortone.

Telle est à peu près la situation des choses à la date du 10 mai.

11 ET 12 MAI. — ARRIVÉE A ALEXANDRIE DE LA CAVALERIE DU 3ᵉ CORPS.

11 et 12 mai. Dans les journées des 11 et 12 mai, les 6ᵉ et 8ᵉ hussards rejoignent le 3ᵉ corps à Alexandrie, ainsi que le général PARTOUNEAUX, commandant la division de cavalerie, et ses généraux de brigade DE CLAIRAMBAULT et LAPÉROUSE. Deux escadrons du 2ᵉ hussards rejoignent également le 3ᵉ corps dans la journée du 15 mai.

14 MAI. — ARRIVÉE DE L'EMPEREUR A ALEXANDRIE.

14 mai. L'Empereur, qui a pris le commandement en chef de l'armée d'Italie, arrive le 14 à Alexandrie, y établit son quartier-général, et songe à prendre immédiatement l'offensive.

Le 1ᵉʳ et le 2ᵉ corps reçoivent l'ordre d'aller occuper Ponte-Curone, Voghera, Casei et Sale, afin de faire face à l'ennemi, qui s'est concentré en arrière de Casteggio, dans les environs de Pavie et de Stradella.

Le 4ᵉ corps établira ses cantonnements à San-Salvador, Valenza et Pomaro.

La garde occupera Alexandrie.

16 et 17 mai. — mouvement du 3ᵉ corps sur tortone.

16 mai.

Le 3ᵉ corps reçoit l'ordre, le 16 mai, d'aller se concentrer à Tortone et dans les environs. Par suite de cet ordre, la 2ᵉ division (Trochu), qui était restée dans la ville d'Alexandrie, part dans la journée même du 16, pour aller coucher à Tortone.

Les divisions Renault et Bourbaki, dont les quartiers-généraux sont à Valenza et Monte, quittent leurs cantonnements le 16 au matin pour se diriger sur Alexandrie. La division Renault est logée en ville dans les logements laissés vacants par les troupes de la division Trochu, et la division Bourbaki est dirigée sur le village de Marengo, à 4 kilomètres d'Alexandrie.

17 mai.

Le 17 mai au matin, ces deux divisions d'infanterie, la division de cavalerie, moins trois escadrons détachés aux trois divisions d'infanterie, et l'état-major général du 3ᵉ corps, partent pour Tortone, petite ville chef-lieu de la province de ce nom, à 17 kilomètres (est) d'Alexandrie, sur la rive droite de la Scrivia. Elle renferme 12,500 habitants.

CANTONNEMENTS DE LA DIVISION TROCHU.

La division Trochu, arrivée la veille au soir dans cette ville, en repart le lendemain matin (17) pour aller prendre en avant, et au nord-ouest, les cantonnements suivants, sur la rive gauche de la Scrivia :

Première brigade.

Village de l'Ova : le général de division, les services administratifs, le 19e bataillon de chasseurs, le 1er bataillon du 43e, la compagnie du génie, les deux batteries, le général de brigade Bataille (7 kilomètres de Tortone) ;

Castello-Armellino : l'escadron de cavalerie attaché à la division ;

Carossa : le 2e bataillon du 43e ;

Monteruco et Massigliana : le 3e bataillon du 43e ;

Brucciata : le 1er bataillon du 44e ;

Vicarda et Vicardina : les 2e et 3e bataillons du 44e.

Deuxième brigade.

La Fiamberta : le 1er bataillon du 64e ;

Passelacca : les 2e et 3e bataillons du 64e, le 1er bataillon du 88e, le général Collineau ;

La Brughiera : les 2e et 3e bataillons du 88e.

CANTONNEMENTS DE LA DIVISION RENAULT.

La division Renault, après avoir traversé Tortone, va prendre, en avant, les cantonnements ci-après, sur les rives de la Grue, affluent de droite de la Scrivia :

FERME DE LA CAPITANIA, à 4 kil. de Tortone, sur la grande route de Voghera : l'état-major de la division, l'escadron de cavalerie, les services administratifs, le train des équipages.

Les deux batteries d'artillerie sont établies sur la rive droite de la Grue, les chevaux au bivouac, les hommes dans la maison dite l'OSTERIA NUOVA, à gauche de la route.

La compagnie du génie est détachée momentanément à Castel-Moretto, sur la rive gauche de la Scrivia, pour y jeter un pont.

Première brigade (sur la rive droite de la Grue).

L'état-major, le 8ᵉ bataillon de chasseurs et le 23ᵉ de ligne à VIGUZZOLO, sur la rive droite de la Grue et à 4 kilomètres de Tortone. La route traverse la Grue sur un pont de bois ;

Le 90ᵉ de ligne, sur la rive droite de la Grue, à cheval sur la route de Voghera, dans les fermes distantes de 1 à 2 kilomètres de la Capitania. (Point extrême : la Mirabella).

Deuxième brigade (sur la rive gauche de la Grue).

L'état-major à la CASSINA TORRIONEZ ;

Le 41ᵉ de ligne occupe les fermes situées le long de la rive gauche de la Grue, depuis la Montmerla jusqu'à Cassina-Vecchia ;

Le 56ᵉ de ligne occupe, derrière le 41ᵉ, les fermes situées à droite et à gauche du chemin de Tortone à Castel-Nuovo, depuis Casa-Nuova jusqu'à Cassina-Ruggera.

PONT JETÉ SUR LA SCRIVIA, POUR RELIER LES DIVISIONS
TROCHU ET RENAULT.

Les cantonnements des deux divisions Trochu et Renault sont ainsi séparés par la Scrivia ; mais, pour les mettre en communication, le Maréchal Canrobert fait construire, par l'artillerie et le génie de son corps d'armée, un pont de chevalets, pour la construction duquel la division Trochu, la plus proche, fournit les travailleurs. Ce pont est jeté à Castel-Moretto, à hauteur du village de l'Ova ; les travaux commencent le 17 mai et sont terminés le 19.

3ᵉ DIVISION (BOURBAKI), ET QUARTIER-GÉNÉRAL DU 3ᵉ
CORPS, A TORTONE.

La 3ᵉ division (Bourbaki) est logée en entier dans la ville de Tortone, ainsi que l'état-major général du 3ᵉ corps, le grand prévôt, l'intendant, le trésor du quartier-général et les généraux d'artillerie et du génie.

Pour assurer le service des dépêches entre Alexandrie et les 2ᵉ et 3ᵉ corps, trois postes d'estafettes, composés de 1 brigadier et 8 cavaliers, sont établis, le premier, à Pistona, à 8 kilomètres d'Alexandrie ; le deuxième, à 7 kilomètres de là, au pont de la Scrivia, sur la route d'Alexandrie à Tortone ; le troisième, à Novelli, à 5 kilomètres de Tortone, sur la route de Sale.

CANTONNEMENTS DE LA DIVISION DE CAVALERIE.

La division de cavalerie, qui ne se compose encore que des 6e et 8e hussards et de deux escadrons du 2e, est cantonnée autour de Tortone, de la manière suivante :

6e hussards : un escadron et l'état-major à Tortone ; un escadron sur la route de Seravalle à Maghisello, le reste à San-Bernardino et la Ribrocca.

8e hussards : 200 chevaux à Torre dei Garofolli, sur la route de Tortone à Alexandrie, le reste à Garofolla.

2e hussards : un escadron est réparti sur la route de Sale, entre les fermes de la Guascana, la Lunotta, Casone-Pedemonte et la Priora. Un autre cantonne à la Principa, sur la route d'Alexandrie, et à la Casa-Cavalchima, sur la route de Tortone à Novi.

DÉPART POUR LE 5e CORPS DE LA 2e BRIGADE DE HUSSARDS.

18 mai.

Le 18 mai, le major-général fait connaître au Maréchal Canrobert que sa 2e brigade de hussards (général Lapérouse), composée des 6ᵉ et 8ᵉ de hussards, passe au 5ᵉ corps (Prince Napoléon), et qu'elle sera remplacée au 3ᵉ par une brigade de lanciers (1ᵉʳ et 4ᵉ), commandée par le général Labareyre.

Ces régiments quittent, en conséquence, leurs cantonnements les 21 et 22, et sont dirigés sur Gênes, où ils doivent être embarqués pour rejoindre le Prince en Toscane.

20 MAI. — COMBAT DE MONTEBELLO, PAR SUITE DUQUEL LE 3ᵉ CORPS PORTE SES CANTONNEMENTS EN AVANT.

20 mai.

Le 20 mai, une forte reconnaissance offensive ennemie, sous les ordres du feld-maréchal Stadion, s'étant avancée par la route de Voghera, s'emparait de Casteggio, puis de Montebello (1). La division Forey (du 1ᵉʳ corps), accourue en toute hâte de Voghera, lui livre un brillant combat, avec le concours d'une brigade de cavalerie piémontaise, commandée par le colonel de Sonnaz. Montebello est repris après une lutte très-vive, et l'ennemi, battant en retraite, évacue Casteggio.

(1) Le rapport du général en chef Giulay fait connaître que cette expédition, commandée par le lieutenant feld-maréchal Stadion, commandant du 5ᵉ corps, se composait de quatre brigades.

L'effectif de ces troupes devait donc être de 20,000 hommes pour le moins, la brigade, sur le pied de guerre, quand elle est complète, étant de 7,500 hommes.

Le même jour, l'Empereur apprend que les Autri-chiens ont évacué Verceil, dont ils ont fait sauter le pont, et qu'ils ont repassé la Sésia le 19. Des troupes piémontaises, parties de Casale, ont immédiatement occupé cette place et se sont échelonnées sur la rive droite de la Sésia.

Dans la soirée du 20, à son retour de Verceil et de Casale, qu'il est allé visiter, l'Empereur apprend la nouvelle du combat de Montebello. Il donne aussitôt des ordres pour changer les emplacements des diffé-rents corps d'armée.

Le 1er corps doit s'établir à Voghera (quartier-général) ;

Le 2e occuper Castel-Nuovo, sur la Scrivia, et Caseï, sur le Curone ;

Le 3e corps reçoit des ordres pour exécuter les mouvements suivants :

20 MAI AU SOIR. — MOUVEMENT DE LA DIVISION RENAULT.

La division Renault quitte les cantonnements qu'elle occupe sur les deux rives de la Grue, le 20 mai à onze heures du soir, et arrive le 21, à deux heures du matin, dans les positions suivantes :

Première brigade (Picard).

Le 8e bataillon de chasseurs et le 90e de ligne occupent la Casa-Brugna et un groupe de fermes à deux kilomètres en avant de Ponte-Curone, sur la route de Voghera;

Le 23e est réparti dans les fermes de Calvinsana, Norlingona et Casa-Rossa, à deux kilomètres de Ponte-Curone, sur la droite de la route de Voghera.

Deuxième brigade (Jannin).

Cette brigade, formée des 41e et 56e, s'établit à Ponte-Curone, évacué par les troupes du 1er corps d'armée;

L'état-major de la division, l'artillerie et la compagnie du génie, un escadron de cavalerie et les services administratifs occupent également ce cantonnement.

21 MAI. — LE MARÉCHAL S'ÉTABLIT A PONTE-CURONE.

21 mai.

Dans la journée du 21, le Maréchal Canrobert transporte son quartier-général de Tortone à Ponte-Curone, et y remplace le Maréchal Baraguey-d'Hilliers.

Les états-majors de l'artillerie et du génie du 3e corps occupent également ce village, ainsi qu'un escadron du 2e hussards, détaché près du quartier-général, et la réserve de l'artillerie, qui ne se compose encore que des 5e et 8e batteries du 7e régiment.

La première de ces batteries est envoyée, aussitôt

son arrivée, à Voghera, pour renforcer l'artillerie du 1ᵉʳ corps.

Dans la même journée (21 mai), arrivent d'Alexandrie à Tortone :

La 17ᵉ batterie principale du 1ᵉʳ d'artillerie, faisant partie de la réserve du 3ᵉ corps ;

L'état-major et les deux derniers escadrons du 2ᵉ hussards, ainsi que l'état-major et les quatre escadrons du 7ᵉ hussards, qui prennent leurs cantonnements dans les environs de Tortone ;

Le 7ᵉ hussards est réuni en entier à Vigozzolo.

LE 22 MAI, LE 3ᵉ CORPS CONTINUE SON MOUVEMENT EN AVANT.

22 mai.

Dans la journée du 22, le 3ᵉ corps continue son mouvement en avant de la manière suivante :

La 1ʳᵉ division (Renault) quitte Ponte-Curone et Brugna pour aller occuper Caseï et Silvano, et y remplacer des troupes du 2ᵉ corps ;

Le quartier-général de la division et la 2ᵉ brigade (Jannin) s'établissent à Caseï, village situé sur la rive gauche du Curone, à 4 kilomètres nord de Ponte-Curone, et ayant une population de 1,500 habitants ;

La 1ʳᵉ brigade s'établit à Silvano, à 4 kilomètres au nord-est de Caseï, sur la rive droite du Curone ;

La 2ᵉ division (Trochu) part de ses cantonnements

de l'Ova et environs, pour se rendre, par le pont de chevalets qu'elle a jeté sur la Scrivia, à Castel-Nuovo, où elle se concentre;

La 3e division (Bourbaki) quitte Tortone pour aller occuper Brugna (1re brigade) et Ponte-Curone (2e brigade) et remplacer, dans ces cantonnements, la division Renault;

Les escadrons du 2e hussards sont répartis entre ces trois divisions et le quartier-général du 3e corps.

MOUVEMENTS DES 1er ET 2e CORPS.

De leur côté, les 1er et 2e corps se sont également portés en avant :

Le 1er s'est concentré à Montebello et Casteggio;
Le 2e s'est réuni à Voghera;
Quant au 4e, il a envoyé une division à Sale et conserve sa position à Valenza, où il établit son quartier-général;
La Garde occupe toujours Alexandrie, où se trouve le grand quartier impérial.

EMPLACEMENTS OCCUPÉS PAR LES ARMÉES ALLIÉES. — GRAND
MOUVEMENT TOURNANT PROJETÉ PAR L'EMPEREUR.

22 mai.

Ainsi, à cette époque, les armées alliées occupent un grand arc de cercle, couvert par la Sésia et le Pô, depuis Verceil, à l'extrême gauche, jusqu'à Casteggio, à l'extrême droite. Cet arc de cercle, dont les positions de Casale, Valenza, Alexandrie, Caseï et Voghera forment les points principaux, enveloppe les positions de l'ennemi, qui, concentré dans l'angle formé par le Pô et le Tessin, doit être dans l'incertitude sur le point par lequel déboucheront les armées alliées pour l'attaquer.

Le combat de Montebello ayant prouvé, une fois de plus, cette concentration des Autrichiens du côté de Pavie et de Stradella, l'Empereur songe à rendre inutiles tous les moyens de défense accumulés par eux de ce côté, en allant rapidement, par son extrême gauche, déborder la droite de l'ennemi (après avoir franchi le Pô à Casale, la Sésia à Verceil), et en marchant ensuite sur Novare.

Transporter sur ce point toute son armée par un grand mouvement tournant, surprendre le passage du Tessin dans les environs de Novare, marcher ensuite rapidement sur Milan, devenu ainsi le point objectif des alliés : tel est le projet hardi qui se présente à l'esprit de Sa Majesté, dès qu'Elle s'est assurée que l'ennemi est en train de masser toutes ses forces dans l'angle formé par le Pô et le Tessin. Mais, pour sa réussite, il est nécessaire de tromper cet ennemi le plus longtemps possible.

Les mouvements que Sa Majesté vient d'ordonner

aux 1ᵉʳ, 2ᵉ et 3ᵉ corps ont pour but de laisser croire à Giulay que la ferme intention des Français est de l'attaquer dans la direction de Stradella, afin qu'il continue à concentrer ses troupes dans cette direction, pendant que son adversaire cherchera à le tourner.

24 MAI. — BRUITS D'ATTAQUE. — MOUVEMENT ORDONNÉ AU 3ᵉ CORPS SUR VOGHERA.

24 mai.

Dans la nuit du 23 ou 24 mai, vers deux heures et demie du matin, des renseignements apprennent que des forces considérables autrichiennes se dirigent sur les positions occupées par les 1ᵉʳ et 2ᵉ corps. On craint une grande attaque. Des ordres, donnés par l'Empereur, au moyen du télégraphe, indiquent aussitôt les mouvements suivants à exécuter par le 3ᵉ corps pour parer aux événements :

La 1ʳᵉ division (Renault), arrivée le 22 à Caseï et Silvano, doit se porter immédiatement à Voghera, pour y remplacer les troupes du 2ᵉ corps, qui iront prendre position en avant ;

La 2ᵉ division (Trochu), arrivée le 22 à Castel-Nuovo, remplacera la 1ʳᵉ dans les cantonnements de Caseï ;

La 3ᵉ division (Bourbaki) doit se porter également de Ponte-Curone à Voghera.

Les ordres sont expédiés à trois heures du matin,

du quartier - général du 3e corps, qui se trouve à Ponte-Curone. A cinq heures, les trois divisions arrivent sur les emplacements qui leur sont désignés.

Les 1re et 3e se massent à quelque distance de l'entrée de la ville de Voghera, la 1re à droite de la route de Caseï, la 3e à droite de la route de Voghera à Ponte-Curone.

La batterie de réserve, disponible à Ponte-Curone, est également envoyée à Voghera.

De nouveaux renseignements, reçus dans la matinée, ayant appris que l'ennemi ne paraissait pas, les trois divisions du 3e corps reçoivent l'ordre de retourner à leurs cantonnements de la veille.

Elles se remettent en route à neuf heures et demie du matin et y arrivent vers onze heures.

Le 25 mai, tous les services administratifs du 3e corps, qui étaient restés à Tortone, viennent s'établir à Ponte-Curone.

Le grand mouvement combiné par l'Empereur, pour porter toute l'armée rapidement sur la gauche du grand arc de cercle qu'elle occupe, va être exécuté.

Le 3e corps doit être transporté, dès le 27, par le chemin de fer, de Ponte-Curone à Casale.

Les troupes d'infanterie seules partiront par cette voie rapide.

26 MAI. — DÉPART POUR CASALE DES *impedimenta* DU 3ᵉ CORPS.

26 mai.

Aussi, dès la veille (26 mai), toutes les batteries d'artillerie divisionnaires et de réserve, les escadrons de cavalerie détachés dans les divisions et au quartier-général, tous les bagages, le trésor de chaque division, ainsi que les chevaux qui sont en excédant de trois pour les officiers généraux, deux pour les officiers supérieurs, un pour les autres officiers montés, quittent Ponte-Curone pour se rendre à Casale par la voie de terre et par Alexandrie.

Le général Courtois d'Hurbal, commandant l'artillerie du 3ᵉ corps, a le commandement supérieur de cette colonne, qui doit arriver à Casale en deux jours.

27 MAI. — DÉPART, PAR LE CHEMIN DE FER, DES TROUPES D'INFANTERIE DU 3ᵉ CORPS, POUR CASALE.

27 mai.

L'embarquement des troupes d'infanterie sur le chemin de fer commence, le 27, à la gare de Ponte-Curone, par la 3ᵉ division (Bourbaki), qui doit être suivie de la 2ᵉ, puis de la 1ʳᵉ.

Chaque division doit être emportée en quatre convois.

La 3ᵉ division est réunie, le 28 au matin, à Casale, et établie au bivouac, au sud de la ville, sur un grand terrain d'exercice, près de la porte de Marengo.

La 2e met la journée et la nuit du 28, à arriver et à se réunir au bivouac qui lui est désigné à l'est et sur les glacis de la ville.

La 3e division arrive à Casale dans la journée du 29 mai; elle est dirigée de suite sur la rive gauche du Pô, dans un bivouac situé à droite et en avant de la tête de pont, qui a été construite par le général Frossard, pour couvrir le pont suspendu et un pont de bateaux reliant les deux rives.

Casale, située sur la rive droite du Pô, à 24 kil. nord-ouest d'Alexandrie et à 80 kil. nord-est de Turin, est le chef-lieu de la province de ce nom. Cette ville renferme 21,000 habitants et a une enceinte fortifiée.

Les bagages et l'artillerie du 3e corps y arrivent dans la matinée du 28. Les batteries divisionnaires rejoignent leurs divisions respectives. Les batteries de réserve et une batterie à cheval, appartenant à la division de cavalerie et qui les a rejointes en route, prennent leur bivouac au sud de la ville, à l'embranchement des deux routes d'Alexandrie et d'Asti.

La division de cavalerie, partie le 27 de Tortone, et qui a été rejointe par deux escadrons du 1er lanciers avec le général Labareyre, arrive le 29 à Casale, après avoir bivouaqué le 28 au soir à Mirabello; elle s'établit, au sud de la ville, dans un bivouac situé derrière celui de la 3e division.

Le 29, à quatre heures et demie du soir, la 2e division (Trochu), qui avait été établie au bivouac, à l'est de la ville, quitte ce bivouac, pour aller en occuper un autre de l'autre côté du Pô, en avant de la tête de pont, sur la route de Villanova.

Le 3e corps est ainsi réuni en entier, le 29 mai, à Casale, où le Maréchal, arrivé le 27 au soir, a établi son quartier-général.

29 MAI. — MOUVEMENTS DES AUTRES CORPS D'ARMÉE QUI SUIVENT CELUI DU 3e CORPS.

Les autres corps d'armée suivent le mouvement du 3e.

La division d'Autemarre, du 5e corps, éparpillée dans les cantonnements que quittent successivement ces corps, sert à masquer leur départ et à dérober ainsi à l'ennemi le grand mouvement tournant de l'armée entière.

La Garde, après avoir occupé Occimiano, vient s'établir à Casale et bivouaquer au-delà du Pô, entre le fleuve et la route de Trino.

Le 4e corps porte aussi son quartier général à Casale, et ses deux divisions campent au-delà de la tête de pont, sur la rive gauche.

Le 2ᵉ remplace le 4ᵉ à Valenza, après avoir occupé Bassignana.

Le 1ᵉʳ, qui a quitté Voghera, remplace le 2ᵉ à Bassignana et occupe Sale et Mezzanino.

L'armée sarde est massée près de Verceil.

30 MAI. — DÉPART DU 3ᵉ CORPS DE CASALE POUR PRAROLO.

Par suite d'un ordre reçu le 29, le 3ᵉ corps quitte Casale, pour se rendre à Prarolo, village situé à 21 kil. nord-est de Casale, à 5 kil de Verceil et à 4 kil. de la Sésia, sur la rive droite de cette rivière.

Les gros bagages sont laissés à Casale, sous le commandement du capitaine du train Gendreau, nommé vaguemestre général du corps d'armée. Ces bagages doivent rejoindre ultérieurement.

La 1ʳᵉ division (Renault), partie à cinq heures du matin de son bivouac en avant de la tête du pont de Casale, arrive à Prarolo vers les deux heures de l'après-midi, après être passée à Terranova et Ceresana. Elle établit son bivouac à droite et à 2 kil. est environ du village, vers la Sésia et près des bivouacs de plusieurs bataillons piémontais chargés de surveiller le cours de la rivière. Elle prend aussitôt les avant-postes sardes, que le Maréchal, qui a précédé ses troupes, a été reconnaître dès son arrivée.

La 2ᵉ division (Trochu), partie également de Casale

à cinq heures du matin, et qui a suivi en grande partie la route de Verceil, arrive à Prarolo à une heure. Elle établit son bivouac à gauche du village, faisant face à la rivière, et prend l'avant-poste piémontais qui est placé dans le cimetière, et qui se relie avec les postes occupés par la division Renault.

La 3e division, qui, partie de Casale à sept heures du matin, a suivi, comme la 1re, la route de Terranova et de Ceresana, arrive vers trois heures de l'après-midi à Prarolo, et bivouaque en arrière et à 500 mètres à l'ouest du village.

La division de cavalerie, qui marche après la 3e division, prend son bivouac à gauche et derrière le sien.

Les batteries de réserve s'établissent à sa droite.

Depuis le 21 mai, les Piémontais qui occupaient Verceil avaient eu plusieurs engagements avec les grand'gardes autrichiennes; ils avaient jeté, en face de cette ville, un pont sur la Sésia, pour remplacer celui que l'ennemi avait fait sauter, et poussaient des reconnaissances sur la route de Verceil à Palestro.

30 mai. — Les Piémontais s'emparent de Palestro.

Dans la journée du 30, pendant que le 5e corps s'établit à Prarolo, l'armée sarde, sur un ordre de l'Empereur du 29, passe la Sésia à Verceil, pour aller s'emparer de Palestro et des villages de Vinzaglio, Confianza et Casaline, qui sont situés à 2 et 5 kil. les uns des autres, derrière et au nord-est de Palestro, dans la direction de Novare. Après un brillant combat, la division Cialdini (4e) s'empare de Palestro, position très-importante pour l'armée autrichienne, au point de vue de la surveillance des passages de la Sésia, et comme point intermédiaire entre Mortara et Novare (1).

Les trois autres divisions piémontaises enlèvent également les autres villages précités, et rejettent l'ennemi sur Robbio.

L'armée sarde, commandée par le Roi en personne, s'établit de Palestro à Casaline, faisant face à Robbio.

Le quartier-général du Roi est à Torrione.

Dans la soirée du 50, le général Lebœuf, commandant l'artillerie de l'armée française, fait jeter trois ponts sur la Sésia, en face de Palestro. Ils sont destinés à servir au passage du 5e corps en entier, qui doit, le lendemain matin, aller occuper Palestro et appuyer l'armée sarde dans ses positions.

(1) La possession de ce point avait été jugée par l'Empereur de toute nécessité pour les alliés, parce qu'elle couvrait le mouvement si important conçu par Sa Majesté, et empêchait l'ennemi, en étant fortement occupée, de faire éprouver un échec à l'armée française, pendant la longue et dangereuse marche de flanc qu'elle était obligée d'exécuter

Mais, pendant la nuit, une forte crue d'eau, occasionnée par les pluies tombées dans la journée, force les pontonniers à replier deux des ponts pour employer leurs matériaux à allonger le troisième, qui était devenu beaucoup trop court.

Par suite de cette opération, qui offrit de grandes difficultés, ce pont ne put être terminé, le 31, que vers sept heures du matin; et encore, sur la berge de la rive gauche, il resta un petit bras de la rivière qu'on fut forcé de combler avec des fascines, pour en rendre le passage praticable.

COMBAT DE PALESTRO.

COMBAT DE PALESTRO.

Les troupes du 3ᵉ corps, parties de leurs bivouacs de Prarolo à quatre heures du matin, le 31, viennent se masser sur la rive droite de la Sésia pour y attendre qu'elles puissent passer le pont.

Après le passage de quelques troupes piémontaises laissées sur la rive droite, la 1ʳᵉ division commence le sien à sept heures et va établir son bivouac face à Robbio, au-delà et à l'est de Palestro, tout près de ce village. Elle met deux heures à effectuer ce passage.

La 2ᵉ division la suit. Vers neuf heures et demie du matin, pendant qu'elle exécute son passage et qu'elle s'avance vers Palestro, pour aller prendre son bivouac à la gauche de la division Renault, les Autri—

chiens, sortis de Robbio en trois colonnes (1), tentent un retour offensif sur le village de Palestro, qui leur a été enlevé la veille par la division piémontaise Cialdini. Cette division, placée en position en avant du village, résiste avec énergie aux efforts de l'ennemi, dont une colonne (la brigade Szabo) cherche à tourner la droite de l'armée sarde et à s'opposer en même temps au passage de la Sésia par les troupes françaises. Ses boulets arrivent jusque près du pont, où se tient le Maréchal Canrobert, qui surveille le passage de ses troupes.

Le 3ᵉ régiment de zouaves, appartenant au 5ᵉ corps, et qui a été mis par l'Empereur à la disposition du Roi, venait d'arriver et de s'établir au bivouac entre le village de Palestro et la Sésia.

Au bruit de la mousqueterie et de la canonnade qui se sont engagées entre les Piémontais et l'ennemi, ce régiment, commandé par le colonel de Chabron, prend les armes, se précipite en avant, à travers les obstacles de tous genres qu'offre le pays, aborde, à la baïonnette, à 1 kil. au sud-ouest de Palestro, une forte position prise par la colonne de gauche ennemie.

---

(1) Ces trois colonnes étaient formées par les trois brigades Dorendorf à droite, Weigl au centre et Szabo à gauche. Une quatrième brigade (Kudelka) était en réserve derrière le centre. Toutes ces troupes étaient commandées par le feld-maréchal-lieutenant Zobel en personne, et devaient former un effectif d'environ 20,000 hommes.

Cette position est défendue par de l'artillerie tirant à mitraille, et protégée par un canal (la Sésietta) qu'il faut traverser sous ce feu.

Les zouaves franchissent ce canal, ayant de l'eau quelquefois jusqu'à la poitrine.

Les Autrichiens sont culbutés, et trois de leurs pièces sont prises.

Le régiment gagne la route de Robbio, et continue sa course en avant, en poursuivant l'ennemi avec la plus grande impétuosité. Il arrive à une autre position formidable, à 2 kil. environ du village, au pont de la Busca, canal rapide et profond qui s'étend à l'est de Palestro, dans la direction du nord-ouest au sud-est. Deux pièces de canon, établies en batterie sur ce pont, enfilent la route par laquelle arrivent les zouaves et défendent la position par des volées de mitraille. Un combat des plus acharnés se livre bientôt sur ce seul débouché que l'ennemi possède pour sa retraite, et où il vient s'accumuler dans le plus grand désordre, rabattu de droite et de gauche sur ce point par les baïonnettes françaises et piémontaises. Les zouaves, sous les yeux du Roi Victor-Emmanuel, attaquent de front ce terrible défilé, tuent les canonniers autrichiens sur leurs pièces, dont ils s'emparent, précipitent dans le canal tout ce qui ne tombe pas sous leurs coups, et refoulent définitivement sur Robbio la

colonne de gauche de l'ennemi, qui s'est si impru-
demment engagée entre deux cours d'eau, pour tourner la droite de l'armée sarde et s'opposer au passage
de la Sésia par le 3ᵉ corps. Cette colonne ne cesse
d'être poursuivie que près de Robbio, à 1 kil. de la
Busca, sur les rives de la Rizza-Biraga, où elle perd
encore deux canons.

Les deux autres colonnes autrichiennes, dont l'une
a attaqué de front la division Cialdini, et l'autre, la
2ᵉ division sarde, qui couvrait Confienza, sont repoussées également, avec de grandes pertes, sur Robbio.

Pendant que le 3ᵉ de zouaves exécute son intrépide
mouvement en avant, le Maréchal Canrobert le fait
soutenir en arrière par la division Trochu. Il arrête
à cet effet cette division après son passage de la Sésia,
et lui fait prendre position entre cette rivière et Palestro, de manière à couvrir le pont, qui pouvait être
sérieusement menacé.

Une batterie de cette division ouvre aussitôt son feu
contre celui des pièces ennemies, dont les projectiles
arrivent jusqu'à ce pont.

Une autre batterie, de la division Bourbaki, sur la
rive droite de la Sésia, ouvre également son feu pour
prendre d'écharpe la colonne ennemie qu'elle aperçoit
et que les zouaves attaquent de front.

La division Trochu perd quelques hommes ; le chef

de bataillon Duhamel, du 43ᵉ, est tué par un boulet.

La division Renault, qui s'est déjà installée dans son bivouac, appuie, avec quatre bataillons et une batterie, la gauche de la position occupée par la division Cialdini, dont les troupes repoussent victorieusement l'attaque de front sur le village.

Cet engagement dure jusque vers une heure de l'après-midi.

Les Autrichiens, dont la force s'élève à 20,000 hommes au moins (1), dirigés en personne par le feld-maréchal-lieutenant Zobel, commandant du 7ᵉ corps, laissent de 8 à 900 prisonniers et 9 pièces de canon, dont deux prises par les Piémontais.

Après ce combat, le passage des troupes du 3ᵉ corps continue sans être inquiété, et se termine vers trois heures et demie de l'après-midi par celui des batteries de réserve et de la division de cavalerie, qui était restée à Prarolo, en attendant le moment où elle pût passer.

S. M. l'Empereur arrive à Palestro dans le courant de l'après-midi, et visite les lieux du combat.

Les batteries de réserve et la division de cavalerie prennent leur bivouac entre le village et la Sésia,

(1) Si les quatre brigades étaient complétées à l'effectif du pied de guerre, ce chiffre devait être plus élevé. La brigade sur le pied de guerre est de 7,500 hommes environ.

derrière celui du 3ᵉ régiment de zouaves, qui perdit dans cette journée 46 hommes, dont un officier, et eut 233 blessés, dont 15 officiers.

Les pertes des Autrichiens durent être très-considérables.

MOUVEMENTS DES AUTRES CORPS D'ARMÉE.

L'intention de l'Empereur, ainsi qu'il a été dit, est de porter l'armée française à Novare, et de déborder, par ce mouvement la droite de l'armée ennemie, pour se porter ensuite rapidement sur Milan, qui est devenu le point objectif des armées alliées.

C'est pour dissimuler, autant que possible, ce grand mouvement à l'armée autrichienne, que Sa Majesté a jeté l'armée sarde et le 3ᵉ corps au-delà de la Sésia, et qu'Elle leur a fait prendre à Palestro une position qui couvre la savante manœuvre qu'Elle a projetée.

1ᵉʳ juin.   Le 1ᵉʳ juin, le 4ᵉ corps, qui, de Casale, s'est rendu à Verceil, est dirigé sur Novare, où il entre sans rencontrer de résistance sérieuse; il va prendre ses campements, en avant du village de la Bicocca, à 3 ou 4 kil. sud de Novare, sur la route de Mortara.

Le 2ᵉ corps, qui, de Valenza, a été dirigé sur Casale, a quitté cette ville le 31 mai, au matin, pour se rendre à Borgo-Vercelli, et de là, le 1ᵉʳ juin, s'établir à l'est et en avant de Novare.

Le 1er corps et la cavalerie piémontaise ont quitté, le 31 mai, Valenza pour aller occuper Casale, et s'établir, le 1er juin, en arrière de Novare, se reliant au 4e corps.

La garde impériale est établie à Verceil, où se trouve le quartier impérial.

SÉJOUR A PALESTRO, LES 1er ET 2 JUIN.

L'armée sarde et le 3e corps conservent leurs positions, à Palestro, les 1er et 2 juin.

Dans la matinée du 2, une reconnaissance est faite, par trois bataillons de la division Renault, sur la route de Robbio. Elle rencontre une forte patrouille ennemie. Une fusillade insignifiante est échangée pendant quelques instants et quelques coups de canon sont tirés sans résultat par l'ennemi.

Dans l'après-midi du même jour, les Autrichiens abandonnent le village de Robbio, dont quelques habitants notables viennent à Palestro annoncer cette nouvelle à S. M. le Roi de Piémont.

L'état-major de la division de cavalerie (Partouneaux), le 7e hussards et les deux escadrons de lanciers du 1er régiment, qui ont rejoint cette division, partent le 2, au matin, de Palestro, pour se rendre à Novare.

Les deux autres escadrons du 1er lanciers, qui arrivaient le même jour à Verceil, sont dirigés sur la même ville par la grande route de Verceil à Novare.

La batterie à cheval attachée à la division de cavalerie part avec elle.

Le 2ᵉ hussards reste au 3ᵉ corps, réparti entre les trois divisions d'infanterie et le quartier-général.

3 JUIN. — DÉPART DU 3ᵉ CORPS POUR NOVARE.

3 juin.

Les troupes du 3ᵉ corps quittent Palestro le 3 au matin, pour se rendre à Novare.

Les bagages, formant une seule colonne sous le commandement du vaguemestre général, partent à trois heures du matin.

Les corps commencent leur mouvement à sept heures par la gauche (3ᵉ, 2ᵉ et 1ʳᵉ divisions), suivent un instant la route de Palestro à Verceil, puis ils prennent un chemin de traverse qui rejoint la grande route de Verceil à Novare, près de Borgo-Vercelli.

La 3ᵉ division est installée à trois heures de l'aprèsmidi dans son bivouac, une partie en arrière de la ville, l'autre dans l'intérieur des remparts, entre l'entrée de Novare, par la route de Vercelli, et celle où aboutit la route de Mortara.

La 2ᵉ division est établie à six heures du soir dans son bivouac, situé en avant et à 300 mètres de la ville, entre la route de Mortara et celle de Milan.

La 1re campe en avant d'elle, en première ligne, à huit heures et demie.

Les batteries de réserve bivouaquent entre la ville et la 2e division.

Aussitôt la ville occupée par ses troupes, l'Empereur y transporte son quartier-général, ainsi que la garde. Sa Majesté a résolu de marcher le plus promptement possible sur Milan, et de surprendre le passage du Tessin, près de Novare.

2 JUIN. — PONT JETÉ EN FACE DE TURBIGO, SUR LE TESSIN.

Dans la journée du 2, la division de voltigeurs de la garde (division Camou), a été envoyée par Galliate sur le Tessin, pour protéger la construction de deux ponts de bateaux, que le général Lebœuf avait reçu l'ordre de construire entre Galliate et Turbigo. Dès qu'elle put passer, la division Camou alla occuper ce dernier village, situé à 2 kil. du Tessin, au-delà d'un grand canal (le Naviglio-Grande), qui prend ses eaux dans cette rivière, à 8 kil. au-dessus de Turbigo.

Dans la même journée, la division Espinasse (du 2e corps) est allée occuper Trecate, à 9 kil. est de Novare, sur la route de Milan, à moitié chemin du Tessin.

3 JUIN. — LE 2ᵉ CORPS A UN ENGAGEMENT EN AVANT DE TURBIGO.

Le 3 au matin, le reste du 2ᵉ corps quitte Novare pour aller franchir le Tessin en arrière de Turbigo. Il s'établit, à 2 kil. au-delà et à l'est de ce village, à Robecchetto, après un brillant combat d'avant-garde contre une colonne autrichienne, qui fut repoussée de cette localité par le régiment des tirailleurs algériens. Ce régiment, qui marchait en tête du 2ᵉ corps, venait de passer le Tessin. Ne possédant encore que lui sur la rive gauche, le général de Mac-Mahon n'avait pas hésité à le former immédiatement en trois colonnes d'attaque, et à le lancer sur le village, qui fut enlevé en un instant avec un entrain sans pareil. L'ennemi fut repoussé dans la direction de Magenta et forcé d'abandonner ainsi la position dominante de Robecchetto, dont la possession pouvait barrer le passage aux troupes alliées débouchant des ponts de Turbigo pour se porter sur Magenta.

La division Espinasse rejoint le 2ᵉ corps dans la journée, après avoir poussé une reconnaissance jusqu'au pont de San-Martino (ou Buffalora), couvert par une tête de pont, que les Autrichiens avaient abandonnée. En se retirant sur la rive gauche, ils firent sauter le pont; mais la destruction en fut imparfaite : deux arches seulement s'affaissèrent.

La division de grenadiers de la garde va occuper, le même jour (3 juin), le village de Trecate.

L'armée sarde s'établit à Galliate, sur la rive droite du Tessin.

C'est le lendemain, 4 juin, que doit s'effectuer le passage général du Tessin, et que les armées alliées doivent se porter au-delà de cette rivière pour marcher sur Milan.

MAGENTA.

MAGENTA.

CONCENTRATION PRÉCIPITÉE DE L'ENNEMI POUR S'OPPOSER AU
PASSAGE DU TESSIN.

L'ennemi, qui, pendant longtemps, a été indécis sur
les projets des armées alliées, s'est enfin rendu compte
du grand mouvement si habilement exécuté par l'Empereur. Il cherche, dès-lors, les moyens de s'opposer,
aussi rapidement que possible, au passage du Tessin
par ces armées.

De Mortara et des positions qu'il occupe dans l'angle formé par le Pô et le Tessin, il dirige une grande
partie de ses forces (environ 125,000 hommes), sur
la rive gauche de cette rivière, par les ponts de bateaux qu'il y possède et qu'il brûle aussitôt après.

Dans les journées du 2 et du 3 juin, le général

commandant en chef Giulay concentre ses forces d'Ab-
biate–Grasso au village de Magenta (9 kil.), et établit
son quartier-général à Robecco, à environ moitié distance de ces deux points.

Robecco, situé sur la droite du Naviglio-Grande,
possède un pont qui relie les deux rives, et permet
de manœuvrer sur l'une et l'autre.

MOUVEMENT GÉNÉRAL DE L'ARMÉE FRANÇAISE.

4 juin.

Le 4 au matin (huit heures), la division Mellinet
(des grenadiers de la Garde) quitte Trecate pour se
porter sur le Tessin, à San-Martino, et franchir la
rivière par le pont que le génie y répare à la hâte.

Le 2ᵉ corps doit se porter sur Buffalora et Magenta,
de Robecchetto, où il s'est établi la veille au soir; la
division Camou (des voltigeurs de la Garde) doit se
joindre à lui et être suivie de l'armée sarde.

Le 4ᵉ corps a l'ordre de quitter ses campements de
la Bicoca, en avant de Novare, pour aller établir ses
bivouacs à Trecate.

Le 1ᵉʳ corps doit remplacer le 4ᵉ dans ses positions
én avant de Novare, pour couvrir cette ville et la
ligne d'opération.

MOUVEMENT DU 3ᵉ CORPS.

Le 3ᵉ corps reçoit l'ordre de partir de ses bivouacs

de Novare à onze heures du matin, pour se rendre à San-Martino. Mais, pendant longtemps, la route de Novare à Milan, la seule que puisse suivre ce corps, se trouve encombrée par l'artillerie de réserve et les bagages du 4ᵉ, qui a quitté ses bivouacs en avant de Novare pour aller occuper Trecate, et dont les troupes suivent la voie du chemin de fer de Milan, parallèle à la grande route.

Le Maréchal Canrobert est obligé d'attendre jusqu'à une heure de l'après-midi avant de pouvoir commencer son mouvement.

La brigade Picard (division Renault), qui, par ordre de l'Empereur, doit agir isolément, et aller renforcer les grenadiers de la Garde, a quitté Novare à neuf heures du matin, pour se porter sur le Tessin, à San-Martino.

une heure de l'après-midi. — Départ de No-

Le 3ᵉ corps, moins cette brigade, quitte Novare à une heure, et marche dans l'ordre de bataille des divisions, la 2ᵉ brigade (Jannin), de la division Renault, étant en tête.

L'artillerie de réserve, les convois et les bagages suivent la colonne.

La marche du 3ᵉ corps, ralentie à chaque instant par l'encombrement que forment sur la route les impedimenta du 4ᵉ, est pénible.

Ce n'est que vers trois heures environ que la tête de colonne arrive à Trecate, où elle rencontre le 4e corps, qui avait débouché dans ce village par la voie du chemin de fer, et qui allait prendre ses campements en avant.

Le 3e corps est obligé de s'arrêter près d'une heure pour le laisser passer.

On aperçoit une forte fumée vers le Tessin; mais on ignore encore complètement ce qui se passe de l'autre côté de cette rivière, que les grenadiers de la Garde ont franchie à midi, par le pont de San-Martino, pour marcher à l'ennemi.

Sur la rive gauche, la route de Milan, qui débouche de ce pont, conduit en ligne droite au petit village de Ponte-Novo-di-Magenta, situé à 3 kil. de là, sur le Naviglio-Grande. Cette route s'élève à moitié chemin, en pente douce, jusqu'à Ponte-Novo, qui se trouve ainsi sur un plateau où coule le canal, dont le cours rapide et profond est à peu près parallèle au Tessin.

A droite de la route, le chemin de fer de Novare à Milan, qui passe également sur le pont de San-Martino, part de ce pont pour décrire une légère courbe et aller franchir le Naviglio dans une tranchée, à 800 mètres de Ponte-Novo.

Du Tessin jusqu'à cette tranchée, qui coupe les

hauteurs, ce chemin s'étend sur un remblai très-élevé, dont les Autrichiens ont profité pour y construire un parapet, qui doit abriter leurs tirailleurs.

A 2,000 mètres, à droite de Ponte-Novo, se trouve, également sur le plateau et sur le canal, le village de Ponte-Vecchio-di-Magenta, et, à la même distance, à gauche, le petit village de Buffalora dans les mêmes conditions.

Les pentes du plateau sur lequel se trouvent ces trois villages, assis en ligne droite sur le canal, offrent peu de raideur. De leur pied jusqu'au Tessin, on ne voit généralement que des rizières, tandis que sur les hauteurs et de l'autre côté du canal le sol est couvert d'arbres, de vignes, de taillis, et coupé souvent de fossés profonds, qui en rendent le parcours très-difficile.

Le village de Magenta est situé au-delà et à 3 kil. de Ponte-Novo, sur la route de Milan, dans la plaine couverte de végétation qui s'étend de l'autre côté du Naviglio.

---

ce acharnée grenadiers la Garde, au- du Tessin.

Vers deux heures, la brigade Picard, qui était partie le matin à neuf heures de Novare, arrivait au pont de San-Martino (1).

L'Empereur, qui se tenait de sa personne au dé-

(1) Cette heure a été donnée par le général Picard lui-même.

bouché de ce pont, sur la rive gauche, pour veiller à tout et diriger tous les mouvements, ordonnait aussitôt au général Picard de se jeter sur sa droite, de gagner la chaussée du chemin de fer, et d'aller rapidement appuyer le général de Wimpffen, commandant la 2e brigade de la division Mellinet.

Cet officier général, avec le 3e grenadiers seulement, soutenait, depuis plus de deux heures, la lutte la plus acharnée dans une redoute qu'il avait enlevée à l'ennemi, et qui était construite à l'endroit où le chemin de fer pénètre dans la tranchée par laquelle il franchit les hauteurs et le Naviglio (1).

Cet ouvrage commandait toute la ligne du chemin de fer, dont le pont, construit en forte tôle sur le canal, n'avait pu être détruit.

Mais, sur la droite et à 1,200 mètres de cette redoute, se trouve le village de Ponte-Vecchio-di-Magenta, qui est occupé par des forces ennemies imposantes. A ces forces, viennent sans cesse s'en joindre d'autres qui arrivent de Robecco et menacent d'écraser le général de Wimpffen, qui n'a qu'un régiment, le 2e

______

(1) Les positions de Magenta, Buffalora et Ponte-Novo furent occupées et défendues dans cette journée par les corps d'armée autrichiens ci-après :

1er corps (Clam-Gallas) ;
2e   —   (prince Edouard de Liechtenstein) ;

Une division (Reischach) du 7e corps (Zobel), dont l'autre division (Lilia) prit position le soir à Corbetto, pour protéger la retraite des deux premiers corps.

grenadiers ayant été dirigé sur Buffalora, à gauche de la grande route de Milan (1).

L'autre brigade (Cler) de grenadiers, soutenait de même une lutte désespérée à Ponte-Novo-di-Magenta, dont le pont en pierre n'a pu également être détruit par les Autrichiens, lorsqu'ils ont été repoussés du village.

C'est en avant de ce village que le général Cler devait trouver une mort glorieuse dans cette lutte si inégale.

Rien n'annonçait encore l'arrivée du 2ᵉ corps sur Magenta; l'ennemi, qui occupait cette position, n'ayant aucune préoccupation à ce sujet, dirigeait sans cesse de fortes colonnes sur Ponte-Novo et le pont du chemin de fer, pendant que, sur la rive droite du canal, de fortes masses, venant de Ponte-Vecchio, menaçaient d'envelopper et de tourner la division entière de grenadiers.

———

Le péril est donc extrême, lorsque la tête de la brigade Picard arrive vers deux heures.

Le général fait aussitôt déposer les sacs sur la

(1) Le 5ᵉ corps d'armée autrichien (Schwarzenberg) fut concentré à Robecco et dirigea sans cesse des attaques sur Ponte-Vecchio. Il fut appuyé dans la soirée par le 5ᵉ corps (Stadion). Le 8ᵉ corps (Benedeck) arriva vers la nuit dans les environs d'Abbiate-Grasso.

chaussée du chemin de fer et se précipite avec ses premières troupes vers la redoute, où son arrivée est accueillie avec des acclamations.

Il lance en avant ce qu'il a sous la main.

Le colonel Auzouy (du 23ᵉ), avec deux bataillons, refoule l'ennemi au-delà du pont du chemin de fer, et prend position sur la rive gauche.

Le général, avec le 8ᵉ bataillon de chasseurs et un bataillon du 23ᵉ, se jette sur la droite, fait battre la charge, et tombe avec impétuosité sur la tête d'une forte colonne autrichienne qui marchait sur la redoute.

Cette colonne, chargée à la baïonnette, se retire sur les hauteurs situées entre Ponte-Vecchio et de grandes rizières qui s'étendent jusqu'au Tessin.

Le général continue sa marche sur le village, dont il comprend qu'il lui faut la possession à tout prix, car il est un appui redoutable pour l'ennemi, qui débouche constamment par là avec des forces considérables (du 3ᵉ corps Schwarzenberg).

La brigade Picard enlève le village de Ponte-Vecchio, sur la rive droite du canal. La partie du village située sur la rive droite du canal est enlevée avec audace; mais le pont qui la relie à la rive gauche est rompu, et cet obstacle arrête l'élan de cette faible troupe, qui est obligée de se défiler des feux de la rive opposée.

De fortes colonnes ennemies reviennent sans cesse

le long du canal attaquer de front le village, ou chercher à le déborder sur la droite par le chemin venant
de Robecco.

Le général se précipite des unes aux autres à plusieurs reprises.

Repoussé plusieurs fois de Ponte-Vecchio, il y ren-
trait une quatrième fois, lorsqu'il est rejoint par le
90e, dont le colonel (Charlier) est tué en refoulant
l'ennemi hors du village jusque sur ses réserves.

Cette lutte si inégale, dans le village même de
Ponte-Vecchio ou sur le plateau qui l'environne, du-
rait ainsi depuis environ deux heures, lorsque le Maréchal Canrobert arrive lui-même sur les lieux de ce
combat acharné, suivi seulement de son état-major.

Forcé de s'arrêter à Trecate, ainsi qu'on l'a vu,
par la rencontre du 4e corps, et entendant au loin le
canon, il avait envoyé vers l'Empereur le capitaine
piémontais Vimercati, attaché à son état-major, pour
informer Sa Majesté des retards qu'éprouvait son
corps d'armée.

L'Empereur lui avait fait répondre par cet officier
qu'une grande bataille était engagée depuis deux
heures, que la division de grenadiers de la garde était
épuisée, et qu'il devait arriver à tout prix avec toutes
les troupes qu'il pourrait amener.

Cet ordre était apporté en même temps au Maréchal

par un officier de la Maison impériale, le commandant Schmitz.

En conséquence, le Maréchal avait fait donner l'ordre au général Renault de se porter le plus rapidement possible en avant, en franchissant ou faisant écarter tout ce qui pourrait entraver sa marche.

Les autres divisions devaient suivre ce mouvement.

Puis, devançant sa troupe, il était arrivé vers quatre heures au pont de San-Martino, où il trouva l'Empereur, qui lui prescrivit de veiller incessamment sur la droite, par où l'ennemi cherchait à déboucher.

Après avoir reçu ces instructions, le Maréchal se rend aussitôt par la chaussée du chemin de fer vers la redoute occupée par la Garde.

Sur la droite, de nombreux tirailleurs, embusqués derrière une ferme, faisaient un feu continuel.

Le Maréchal y lance quelques hommes de bonne volonté, sous la conduite du général Courtois d'Hurbal et du capitaine de Molènes, son officier d'ordonnance, qui délogent tous ces tirailleurs; puis il gravit les pentes conduisant au plateau, sur lequel le général Picard luttait si énergiquement depuis deux heures.

Il inspecte aussitôt les points les plus menacés, parcourt la position pour bien juger le terrain, et s'avance jusqu'au-delà des premières lignes de tirailleurs pour leur indiquer leur emplacement et mieux se rendre compte des projets de l'ennemi.

Le Maréchal a compris de suite toute l'importance de la position de Ponte-Vecchio, seul débouché par lequel puissent arriver les masses autrichiennes venant de Robecco.

Il a compris, par la fréquence et l'opiniâtreté des attaques de l'ennemi, que ce dernier fait tous ses efforts pour tourner la droite de l'armée française et pour se porter sur le pont de San-Martino, afin de couper cette armée en deux, isoler les troupes qui ont déjà passé le Tessin de celles qui restent encore sur la rive droite, et en avoir ensuite bon marché, en les écrasant de ses forces réunies et les refoulant sur Turbigo.

Ponte-Vecchio est donc une clef de position des plus importantes, à la conservation de laquelle peut être attaché tout l'avantage de la journée. En y tenant, non-seulement on empêche l'ennemi de déboucher sur le pont de San-Martino, mais encore on donne le temps aux troupes du 2ᵉ corps, arrivant de Turbigo par la rive gauche du Tessin et du canal, d'exécuter leur marche sur Magenta et leur attaque décisive sur ce point.

Aussi le Maréchal a-t-il juré de défendre cette position jusqu'au dernier homme de cette faible brigade, qui est sa seule ressource pendant plus d'une heure.

Il n'a même pas une seule pièce à mettre en batterie (1).

Il laisse au 90ᵉ la garde de la partie droite de Ponte-Vecchio, et, avec quelques compagnies du 8ᵉ bataillon de chasseurs et le bataillon du 23ᵉ, il cherche à garder le plateau en arrière et à droite de ce village, pour empêcher l'ennemi de le tourner.

Il se porte de sa personne sur chaque point de la position qui est attaqué, afin de repousser l'ennemi avec ce qu'il peut trouver de monde sous la main.

Il sait qu'en ce moment suprême, la moindre hésitation peut être fatale, et qu'il y a toute nécessité pour lui d'oublier un instant sa haute position, afin d'entraîner, par l'exemple, ces quelques compagnies décimées par la lutte, manquant de munitions et privées déjà de beaucoup de leurs chefs.

Aussi, c'est en se jetant à leur tête que le Maréchal, suivi de ses officiers, reprend le village et refoule, sur ce point comme sur la droite, les colonnes ennemies qui, grâce au terrain couvert par une riche végéta-

____

(1) L'encombrement du pont du Tessin ne permit pas de la journée le passage de l'artillerie du 5ᵉ corps.

tion, ne voient pas à quelles faibles troupes elles ont affaire et croient sans cesse à l'arrivée de nouveaux renforts.

Mais cette lutte inégale ne peut durer longtemps dans ces conditions.

Le Maréchal ne sait encore ce qui se passe sur la rive gauche du canal.

Il envoie, vers cinq heures, le capitaine piémontais Vimercati aux nouvelles de ce côté.

Pendant ce temps, quelques renforts arrivaient.

La division Vinoy, du 4ᵉ corps, avait été appelée en toute hâte de Trecate par l'Empereur.

Le général Niel, arrivé avec elle à Ponte-Novo, avait envoyé, sur la droite du canal, deux bataillons du 85ᵉ, avec le colonel Bellecourt, et deux bataillons du 75ᵉ, commandés par le colonel O'Malley, pour soutenir la Garde et la brigade Picard.

Ces quatre bataillons furent du plus grand secours au Maréchal Canrobert, pour la conservation de Ponte-Vecchio, où ils combattirent avec une admirable valeur.

Le général Vinoy, après avoir traversé le Naviglio à Ponte-Novo et dirigé une brigade sur Magenta, avait tourné à droite avec ce qui lui restait de son autre brigade. Dégageant les deux bataillons du 23ᵉ, commandés par le colonel Auzouy, qui défendait aussi depuis deux heures les abords du pont du chemin de fer, il s'était élancé, avec quelques bataillons seulement, sur la partie gauche de Ponte-Vecchio, et l'avait enlevée après un combat des plus vifs et des plus glorieux.

Attaque du 2e corps sur Magenta.

Vers six heures, on entend le canon retentir du côté de Magenta.

C'est le 2e corps (Mac-Mahon) qui fait son attaque générale sur ce village, avec ses deux divisions réunies et appuyées de celle des voltigeurs de la Garde.

Six heures. — Arrivée de la 2e brigade (Jannin) de la 1re division.

Vers ce moment, la 2e brigade (Jannin), de la division Renault (41e et 56e), arrive sur le canal. Elle a été retardée par l'encombrement qu'elle a trouvé sur la route de Trecate et sur le pont de San-Martino, qui, imparfaitement réparé, ne permet pas le passage de l'artillerie.

Le 41e et deux bataillons du 56e sont dirigés immédiatement, par le pont du chemin de fer et la route qui longe la rive opposée du canal, sur la partie gauche du village de Ponte-Vecchio, où le général Niel et le général Vinoy, dont une brigade a été envoyée vers Magenta, peuvent à peine tenir avec ce qui leur reste de troupes.

Un bataillon du 56e est dirigé sur la partie droite de Ponte-Vecchio.

...eures et de-
— Le Ma-
Il reçoit des
...elles de l'at-
: du 2e

Vers six heures et demie, le capitaine piémontais Vimercati, que le Maréchal a envoyé de l'autre côté du canal pour avoir des nouvelles du 2e corps, revient et annonce que ce corps a pénétré dans Magenta et que l'ennemi commence à plier sur ce point.

Le Maréchal envoie aussitôt cet officier avec le capitaine de Molènes annoncer cette nouvelle à l'Empereur, et il la fait répandre également parmi ses troupes, qu'il ranime ainsi d'une nouvelle ardeur.

Mais l'ennemi, forcé de se replier de Magenta, n'en poursuit qu'avec plus d'opiniâtreté le projet qu'il a eu toute la journée de forcer le débouché de Ponte-Vecchio pour tourner notre droite et se porter sur le Tessin.

Le général Giulay tente des efforts désespérés sur ce point.

Ses têtes de colonne se présentent à tout instant sur Ponte-Vecchio et ses abords.

La partie gauche de ce village est vigoureusement défendue par les généraux Niel, Vinoy, Renault et Jannin. Ce dernier a son aide-de-camp tué (capitaine Baligand).

La partie droite continue à être prise et reprise avec acharnement.

Le Maréchal et le général Picard se multiplient tous deux et entraînent maintes fois, par leur exemple, les troupes qui défendent si héroïquement l'extrême droite de l'armée (8ᵉ bataillon de chasseurs, un bataillon du 23ᵉ, le 90ᵉ, deux bataillons du 85ᵉ, deux du 73ᵉ et un du 56ᵉ).

Sept heures. — Ponte - Vecchio est repris pour la septième fois. A sept heures, la partie droite du village vient d'être reprise pour la septième fois.

Le Maréchal se porte au-delà, le long du canal, pour s'assurer de la position des tirailleurs chargés d'en couvrir les approches, juger du terrain, et se rendre compte des mouvements que l'ennemi peut vouloir exécuter.

Charge de hussards hongrois. Mais, à peine est-il sorti du village, sur le chemin qui longe le canal, qu'il est chargé par une troupe de hussards hongrois qui arrivent au galop sur son flanc, à travers les tirailleurs et à la faveur des arbres qui les dérobent à la vue.

Les officiers qu'il a avec lui mettent le sabre à la main, et se trouvent un instant mêlés avec les cavaliers ennemis, qui blessent plusieurs d'entre eux (le capitaine Armand, le sous-lieutenant de Lostanges).

Le colonel de Cornély, aide-de-camp du Maréchal,

a son cheval tué sous lui, et le capitaine de Gantès a le sien blessé. Le colonel de Bellecourt, du 85e, qui est accouru avec quelques hommes, est renversé par les chevaux rentrant à fond de train dans le village.

Les hussards, atteints par le feu des troupes rangées par le général Renault sur l'autre rive, perdent beaucoup des leurs et sont forcés de rebrousser chemin.

Mais cette charge de cavalerie n'a eu pour but que de masquer une nouvelle attaque d'une forte colonne d'infanterie autrichienne, qui s'avance, par le chemin d'Abbiate-Grasso, vers les dernières maisons situées au bas du village.

Cette issue est défendue par quelques compagnies du 75e.

Le colonel de Senneville, chef d'état-major général du 5e corps, qui, avec le commandant Clémeur, visitait en ce moment l'emplacement de ces compagnies, se met à leur tête et s'élance sur la colonne ennemie, en les entraînant par quelques paroles chaleureuses.

Mais il tombe au milieu des premiers rangs autrichiens, frappé en pleine poitrine d'une balle que lui tire un officier à bout portant.

Les soldats, qui le suivent au pas de course, vengent sa mort par celle de cet officier, et, renversant tout ce que leurs baïonnettes atteignent, refoulent de nouveau l'ennemi.

Cependant, on songe à rétablir le pont qui relie la partie droite du village avec celle de gauche.

Pour exécuter cette opération, la compagnie du génie de la 1re division brave, pendant plusieurs heures, le feu d'artillerie que l'ennemi dirige sans cesse sur ce pont, et termine vers la nuit son travail, qui consiste en une petite passerelle, que les hommes seuls peuvent traverser.

Depuis que la partie gauche de Ponte-Vecchio a été occupée par le général Vinoy et les troupes amenées par le général Renault, la partie droite de ce village est devenue plus facile à défendre, en raison des feux de l'autre rive.

En conséquence, le Maréchal se décide à employer la plus grande partie du peu de forces dont il dispose, à empêcher l'ennemi de tourner le village sur la droite, par le chemin d'Abbiate-Grasso.

Il ordonne, dans ce but, au général Picard d'aller s'établir définitivement sur le plateau, en arrière et un peu à droite de Ponte-Vecchio, pour défendre les collines.

Cet officier général se rend sur cette position, qu'il

occupe avec un bataillon du 23e, le 90e, et le 8e bataillon de chasseurs.

Dans le village, il reste, pour sa défense, les frac-
tions du 85e et du 73e, qui ont été envoyées sur ce
point par le 4e corps, et un bataillon du 56e.

...heures et de-
mi du soir. —
Arrivée de la di-
...on Trochu.

C'est en ce moment, vers sept heures et demie du
soir, que la tête de colonne de la 2e division (Trochu)
commence à arriver.

Le Maréchal a envoyé à sa rencontre plusieurs officiers pour faire hâter sa marche.

Mais l'encombrement du pont du Tessin, qui, non-
seulement, n'a pas permis le passage d'aucune des
pièces d'artillerie du 3e corps, mais encore a retardé
et même interrompu souvent le passage des troupes,
force cette division à arriver tard, avec des corps séparés entre eux par de longs intervalles.

Le général Trochu fait aussitôt sonner les clairons
et battre les tambours pour annoncer l'approche de
troupes fraîches.

Les compagnies du 85e et du 73e sont relevées par
le 19e bataillon de chasseurs et le 43e, auquel vient
bientôt se joindre le 44e.

La 2e brigade (Collineau), qui n'a pu suivre la 1re,
par suite de l'encombrement du pont, ne rejoint que
fort tard dans la nuit.

L'ennemi, après l'arrivée de ces renforts, ne renouvelle plus ses attaques.

Le général Trochu, dès son arrivée, se porte, avec sa 1re brigade, à 800 mètres en avant du village, lui fait prendre une bonne position de combat, de manière à surveiller le chemin qui arrive de Robecco le long du canal et celui qui vient d'Abbiate-Grasso, sur la droite du village.

Ses troupes bivouaquent dans cette position; les vedettes de ses postes avancés se trouvent à 2 ou 300 mètres de celles de l'ennemi, qui s'établit également au bivouac sur le terrain qu'il occupe.

Toute la nuit du 4 au 5 est employée, par le reste des troupes du 3e corps, à franchir le Tessin au pont de San-Martino, et à aller s'établir au bivouac entre Ponte-Vecchio et Ponte-Novo.

La 3e division (Bourbaki) arrive à son bivouac à une heure du matin, derrière celui de la 1re brigade de la 1re division.

A la tombée de la nuit, vers neuf heures, après toutes les dispositions prises aux abords de Ponte-Vecchio, le Maréchal se rend auprès de l'Empereur, qui a établi son quartier-général dans une auberge de San-Martino, pour lui rendre compte de ces dispositions.

Il apprend là tout le résultat de la journée, et les succès brillants qu'a obtenus le 2ᵉ corps, en battant complètement l'ennemi à Magenta et le forçant à une retraite désastreuse sur Robecco et Corbetta.

Le général Espinasse, commandant une division de ce corps, avait été tué en pénétrant dans Magenta.

Le Maréchal revient ensuite à Ponte-Novo, qu'a quitté la division de grenadiers de la Garde pour aller bivouaquer en avant sur la route de Magenta. Il établit son quartier-général dans une des premières maisons du village, afin de pouvoir présider lui-même à l'installation de ses troupes, qui continuent à arriver.

LA 2ᵉ DIVISION REPOUSSE UNE ATTAQUE AU POINT DU JOUR.

Le 5, au point du jour, au moment où le Maréchal arrive à Ponte-Vecchio pour visiter la position, une vive fusillade s'engage tout-à-coup entre une colonne ennemie et les troupes de la 2ᵉ division.

Le général Trochu, qui a pris d'avance toutes ses dispositions pour le combat, se porte en avant en échelonnant ses troupes, de manière à refuser sa droite et à porter sa gauche le long du canal.

Il couvre ainsi les deux routes qui conduisent sur Ponte-Vecchio.

L'ennemi n'a pas de canons, ce qui fait penser au général que son attaque n'est pas sérieuse, et qu'elle n'a probablement pour but que de couvrir la retraite de l'armée autrichienne.

En conséquence, la 1re brigade (Bataille) s'avance résolûment par échelons, manœuvrant comme sur un Champ-de-Mars, et se couvrant par une ligne de tirailleurs.

L'ennemi cherche à tenir dans plusieurs fermes situées entre Ponte-Vecchio et Robecco. Mais, chaque fois, il est délogé avec de grandes pertes, et il est poursuivi ainsi jusqu'à 4 kil. de Ponte-Vecchio.

Ce retour offensif de sa part n'a eu lieu, en effet, que pour couvrir la retraite générale de l'armée autrichienne sur Robecco et Abbiate-Grasso. Il fut exécuté par le régiment Grand-Duc de Hesse (du 3e corps) qui, la veille, avait pris une part glorieuse dans les attaques contre Ponte-Vecchio, et avait perdu presque tous ses officiers.

Le général Trochu rentre à son bivouac vers neuf heures.

La journée du 5 juin est employée, par les troupes du 3e corps, à évacuer les blessés sur Novare et Magenta, et à enterrer les morts.

Le Maréchal assiste à l'enterrement du colonel de Senneville, son chef d'état-major général. Il perdait, en cet officier supérieur, non-seulement un serviteur consciencieux et esclave du devoir, mais encore un ami dont il appréciait la sagesse et le dévouement.

CHIFFRES DES PERTES.

Les pertes du 3e corps s'élèvent à 57 officiers hors de combat, dont 11 tués, 1,136 hommes hors de combat, dont 110 tués et 154 disparus.

Chiffre énorme, eu égard au petit nombre de troupes engagées.

Un pont de bateaux ayant été jeté sur le Tessin, à côté de celui de San-Martino, toutes les voitures d'artillerie et les bagages peuvent rejoindre les divisions dans le courant de la journée.

La division de cavalerie reste toujours détachée.

DÉPART DU 3e CORPS POUR ABBIATE-GRASSO (9 KIL.).

6 juin.

Le 3e corps reçoit l'ordre de se rendre, le 6, à Abbiate-Grasso, par la route qui, sur la droite du canal, passe à Robecco.

Le 4e corps doit opérer le même mouvement, par la rive gauche, jusqu'à Robecco, et, en cas d'attaque, se placer sous les ordres du Maréchal Canrobert, qui a pour instructions de déloger l'ennemi d'Abbiate-Grasso, s'il s'y trouve, d'occuper ce point, et de faire surveiller la route de Vigevano.

Cette route, qui franchit le Tessin près de Vigevano, situé sur la rive droite, mène à Mortara et Alexandrie.

Les troupes du 3ᵉ corps quittent leurs bivouacs à onze heures du matin, dans l'ordre des divisions.

La 1ʳᵉ arrive à deux heures de l'après-midi à Abbiate-Grasso, et prend son bivouac à 300 mètres à l'est et en avant de la ville, entre la route de Milan, que longe le Naviglio-Grande, et la route de Pavie, qui est également longée par un autre canal (le Naviglio-di-Bereguardo). Ce dernier s'arrête à Bereguardo, situé sur la route de Pavie, à cinq lieues d'Abbiate-Grasso.

La 2ᵉ division s'établit au bivouac vers quatre heures, entre la route de Pavie et celle de Vigevano, à 400 mètres et au sud-est de la ville.

La 3ᵉ prend son bivouac, vers cinq heures et demie, en arrière et à l'ouest d'Abbiate-Grasso, entre la route de Vigevano et celle de Robecco, par laquelle le 3ᵉ corps est arrivé. Elle est à cheval sur une autre route, qui mène d'Abbiate-Grasso à Vespolate, de l'autre côté du Tessin.

Les trois divisions sont ainsi établies en avant d'Abbiate-Grasso, en demi-cercle, de l'est à l'ouest, face à Pavie, et se reliant les unes aux autres.

Chacune d'elles établit des avant-postes et des grand'gardes en avant de son front, pour surveiller toutes les voies de communications qui arrivent sur les bivouacs.

Des reconnaissances sont poussées, par les escadrons du 2e hussards, détachés dans les divisions d'infanterie et au quartier-général, sur les routes de Milan, de Pavie et de Vespolate.

Ces reconnaissances, dirigées jusqu'à 5 ou 6 kil. de la ville, ne rencontrent aucun parti ennemi.

Les habitants, partout, font connaître que les Autrichiens, qui ont quitté le matin même Abbiate-Grasso, se sont retirés avec la plus grande précipitation dans la direction de Pavie.

Abbiate-Grasso est un gros bourg de la Lombardie, de 3,000 habitants. Il est situé sur la route d'Alexandrie à Milan, à 20 kil. sud-ouest de cette capitale et à 6 kil. de la rive gauche du Tessin.

Le canal le Naviglio-Grande, qui prend ses eaux dans le Tessin, à 8 kil. au-dessus de Turbigo, et qui passe à Buffalora, Ponte-Novo et Ponte-Vecchio-di-Magenta, tourne à gauche près d'Abbiate-Grasso et se dirige, du sud-ouest au nord-est, vers Milan, en longeant la droite de la grande route.

Au point où ce canal tourne ainsi à gauche, en face de Castelletto, à 1 kil. et demi (est) d'Abbiate-Grasso, l'ennemi n'a pas eu le temps de détruire le pont en pierre, sur lequel la route de Milan traverse le Naviglio; mais il a détruit tous les autres ponts de ce canal, qui s'embranche près de la ville avec celui de Bereguardo.

Dans Abbiate-Grasso, un courrier est saisi, et l'on trouve dans des magasins un grand approvisionnement de pain, de riz, d'avoine et de biscuit, que le Maréchal fait mettre immédiatement à la disposition de l'administration de son corps d'armée.

DÉPART POUR GAGGIANO (10 KIL.).

7 juin.

Le 7, à onze heures du matin, le 3e corps quitte Abbiate-Grasso pour se rendre à Gaggiano, village situé sur le Naviglio-Grande, à 10 kil. en avant et à moitié chemin de Milan.

La 3e division, qui marche en tête, arrive vers deux heures et demie à son bivouac, qu'elle établit à 300 mètres en avant de Gaggiano, sur la rive gauche du Naviglio.

La 2e division, arrivée à quatre heures, établit son bivouac sur la rive droite, après avoir passé, à l'entrée de Gaggiano, un pont qui a été construit par l'artillerie avec des bateaux du pays.

La 1re bivouaque, à sept heures, derrière la 3e division et sur la gauche du village.

Cette dernière établit des grand'gardes chargées de surveiller la route d'Abbiate-Grasso, tandis que la 2e établit des postes sur les routes de Rosate et Barate, qui convergent sur Pavie.

Les rapports des habitants font toujours connaître que l'ennemi se retire dans la direction de Pavie et de l'Adda, et que ses troupes paraissent très-démoralisées.

ARRIVÉE DU 3ᵉ CORPS A MILAN (11 KIL.).

88 juin.

Conformément aux ordres de l'Empereur, les troupes du 3ᵉ corps quittent Gaggiano à quatre heures du matin, pour se rendre à Milan (11 kil.) et aller prendre leurs bivouacs sous les murs de cette ville.

Les 1ʳᵉ et 3ᵉ divisions, qui ont campé sur la rive gauche du Naviglio, suivent la route qui longe cette rive ; les batteries de réserve marchent entre elles.

La 2ᵉ division suit la route qui longe la rive droite.

Derrière elle, marchent tous les bagages du corps d'armée.

Ces deux colonnes sont obligées de s'arrêter à plusieurs longues reprises, par suite de l'encombrement produit, sur les deux routes qu'elles suivent, par les troupes et les bagages du 4ᵉ corps, qui avait pris ses bivouacs, la veille, en avant de ceux du 3ᵉ.

Au-delà de Corsico, village sur la rive droite du canal, à moitié chemin de Gaggiano à Milan, les troupes engagées sur la route de gauche sont forcées, par

suite du mauvais état de cette voie et de l'encombrement qui s'y est produit, de rebrousser chemin et de
venir gagner le pont de Corsico, pour passer sur la
rive droite et prendre la grande route qui longe cette
rive jusqu'à Milan.

Tous ces à-coups occasionnent un grand retard dans
la marche du corps, dont les premières troupes ne
commencent à arriver à Milan que vers les trois heures
de l'après-midi.

Les divisions ont terminé leur installation au bivouac à six heures; elles sont campées en avant de la
porte Romana, par laquelle débouche la route qui
mène à Melegnano et à Lodi, sur l'Adda.

MOUVEMENTS DES AUTRES CORPS D'ARMÉE.

Le 6 juin, le 2ᵉ corps s'est porté de Magenta à San-
Pietro-l'Olmo, situé sur la grande route de Novare à
Milan, à moitié chemin de Magenta à cette capitale.

Le 7, il entre le premier dans la ville de Milan et
s'établit au bivouac devant la porte de Pavie.

Le même jour (7), le 1ᵉʳ corps qui, de ses bivouacs
en avant de Novare, est venu s'établir en avant de
Buffalora, quitte ce campement et va occuper San-
Pietro-l'Olmo, évacué par le 2ᵉ corps.

Le 8, l'Empereur transporte son quartier-général à
Milan, où la Garde arrive le même jour.

L'ennemi, dans sa retraite sur Lodi et l'Adda, par Rosate, Binasco et Landriano, avait laissé à Melegnano (à 15 kil. de Milan, sur la route de Milan à Lodi), une division (Berger) du 8e corps, pour couvrir cette retraite et mettre cette localité en état de défense.

L'Empereur prescrit aux 1er et 2e corps d'enlever cette position.

COMBAT DE MELEGNANO.

8 juin.

Le 8, à quatre heures du matin, le 1er corps quitte ses bivouacs de San-Pietro-l'Olmo, pour aller se concentrer à San-Donato, à 6 kil. de Milan, sur la route de Melegnano ; une partie de ce corps traverse Milan, l'autre prend des chemins de traverse pour se porter sur la route de Lodi.

Le 2e corps part également à quatre heures du matin de ses bivouacs, près de la porte de Pavie, et va se concentrer près de San-Donato.

Réunis, vers trois heures, près de San-Donato, les deux corps marchent sur Melegnano.

Le 1er doit l'attaquer de front, le 2e faire un grand mouvement tournant sur la gauche pour aller, en arrière de Melegnano, se mettre à cheval sur la route de Lodi, et couper la ligne de retraite de l'ennemi.

Le 1er corps commence l'attaque du village à six

7

heures du soir : la 3ᵉ division (Bazaine) au centre, sur la grande route ; la 1ʳᵉ division (Forey) sur la droite, et la 2ᵉ (L'Admirault) sur la gauche.

Ces deux dernières ont à parcourir un terrain des plus difficiles, coupé de fossés, de haies, et de cours d'eau souvent profonds.

Après une lutte des plus acharnées, à laquelle vient se joindre un orage violent, le village est complètement enlevé par ces trois divisions à neuf heures du soir.

Lorsque le 2ᵉ corps arrive près de la route de Lodi, l'ennemi était déjà en pleine retraite ; il n'a que le temps de canonner les dernières troupes qu'il aperçoit, se retirant en bon ordre.

Le 1ᵉʳ et le 2ᵉ corps établissent leurs bivouacs à Melegnano et dans les environs, sur la route de Lodi.

Le 4ᵉ est venu s'établir sur la droite de Melegnano, à Carpiana.

Par ces mouvements et cette attaque sur Melegnano, l'Empereur a voulu tromper l'ennemi sur la véritable direction qu'il veut donner à son armée, et lui faire croire qu'il a l'intention de se porter sur Lodi ou le bas Adda.

Mais son projet est de se jeter sur la gauche, de passer l'Adda dans son cours supérieur et de prendre Brescia pour objectif.

Il rappelle, en conséquence, les trois corps d'armée

établis près de Melegnano, pour les rapprocher de la route de Milan à Brescia, et prescrit au 3ᵉ corps de partir le 11 pour Melzo et Gorgonzola.

DÉPART DU 3ᵉ CORPS DE MILAN POUR MELZO, POZZUELO ET GORGONZOLA (16 ET 19 KIL.).

11 juin. La division de cavalerie Partouneaux, qui avait été détachée du 3ᵉ corps depuis Palestro, l'a rejoint à Milan.

Pour se rendre à Melzo (16 kil.), le 3ᵉ corps doit suivre la voie du chemin de fer de Milan à Brescia ainsi que la route qui conduit à Melzo, parallèlement à cette voie.

La 1ʳᵉ division part à neuf heures et demie du matin de son bivouac de Milan.

La 1ʳᵉ brigade suit la ligne du chemin de fer, arrive à cinq heures du soir à Melzo et établit son bivouac en avant du village.

La 2ᵉ y arrive à quatre heures, par la route et bivouaque en arrière.

La 2ᵉ division, partie de Milan à onze heures du matin, suit la voie du chemin de fer, et arrive à Melzo vers six heures et demie.

La 1ʳᵉ brigade campe à gauche du chemin de fer, à hauteur de Melzo ; la 2ᵉ, près de Pozzuelo, situé sur la route.

La 3e division doit se rendre à Gorgonzola (19 kil.). Elle part de Milan à neuf heures et demie du matin, suit la grande route impériale de Milan à Brescia, et arrive à Gorgonzola vers cinq heures et demie du soir.

La division de cavalerie établit son bivouac à San-Erasmo, entre Melzo et Pozzuolo.

Les batteries de réserve et les bagages des 1re et 2e divisions, qui ont suivi la route de Milan à Melzo, arrivent au bivouac vers six heures.

Le quartier-général du 3e corps est établi dans Melzo.

Chaque division se garde avec soin par des grand'-gardes et des petits postes qui surveillent tous les chemins.

Le même jour (11 juin), l'armée sarde franchit l'Adda à Vaprio, sur la route de Milan à Bergame, et le corps-franc de Garibaldi s'établit dans cette dernière ville, que les Autrichiens ont évacuée.

DÉPART POUR TREVIGLIO (13 KIL.).

12 juin.

Le 3e corps quitte, le 12 juin, ses campements de Melzo, Pozzuolo et Gorgonzola, pour aller franchir l'Adda à Cassano, sur la route de Milan à Brescia, et prendre ses bivouacs à Treviglio (13 kil.).

Cassano, gros bourg de 2,000 âmes, est situé à 30 kil. (est) de Milan, sur la rive droite de l'Adda, qui, en face de cette localité, se divise pour former une île en deux bras, dont le plus étroit se trouve le plus rapproché du village.

Un pont en pierre, que l'ennemi a détruit en se retirant, est construit sur ce bras; un autre pont, construit dans le prolongement du premier, sur le grand bras, relie l'île à la rive gauche et à la grande route qui mène à Treviglio et Brescia.

Le général Lebœuf, commandant l'artillerie de l'armée, a été envoyé, le 12 juin au matin, à Cassano, pour faire construire par les pontonniers deux ponts de bateaux, l'un sur le petit bras, en aval du pont détruit et à l'extrémité droite du village, l'autre en amont et sur toute la largeur de la rivière, à environ 800 mètres à gauche du premier.

Les troupes du 3ᵉ corps, parties de leurs bivouacs à cinq heures du matin, marchent la gauche en tête.

PASSAGE DE L'ADDA PAR LE 3ᵉ CORPS.

12 juin.

La 3ᵉ division arrive à Cassano vers midi, et commence son passage, sur le petit pont de droite, à une heure.

Vers deux heures, un violent orage éclate, et une pluie torrentielle, qui grossit les eaux de l'Adda, apporte quelque retard dans le passage des 3ᵉ et 2ᵉ divisions, que suit la division de cavalerie.

Le grand pont de bateaux, construit en amont de Cassano, n'est terminé que vers quatre heures et demie.

Le major-général de l'armée, Maréchal Vaillant, craignant, pour la construction de ce pont, la crûe des eaux occasionnée par l'orage, est accouru de Gorgonzola, où s'est établi le quartier impérial le même jour, et n'a pas cessé de veiller par lui-même à cette construction, que l'Empereur est également venu visiter dans l'après-midi.

Vers cinq heures du soir, la 1re division effectue son passage sur ce pont ; elle est suivie par l'artillerie de réserve et les bagages de tout le corps d'armée, qui n'arrivent que vers minuit dans les différents bivouacs.

Les 3e et 2e divisions, après leur passage sur le petit pont de bateaux, vont s'établir à une lieue au-delà, à Treviglio et sur le chemin de fer de Bergame, à gauche de la grande route.

La division de cavalerie, qui les a suivies, bivouaque sur la partie de ce chemin de fer qui s'étend à droite de la route, de Treviglio à l'Adda.

La 1re division s'établit dans des fermes situées sur la droite de la grande route, au-delà du chemin de fer occupé par la cavalerie.

L'installation dans tous ces bivouacs n'est terminée, pour la troupe, que vers les neuf heures du soir.

La pluie n'a cessé de tomber pendant quatre heures consécutives.

Une grande partie de la nuit est employée, par l'artillerie de réserve et les bagages, à rejoindre les divisions.

Ces voitures ont éprouvé de grandes difficultés à franchir le grand pont et les terrains, défoncés par la pluie, qui en forment les abords.

Le Maréchal établit, dans la soirée, son quartier-général à Treviglio, et prescrit à toutes les divisions la plus grande vigilance pour se garder.

POINTS OCCUPÉS PAR LES AUTRES CORPS D'ARMÉE.

Dans la même journée (12 juin), les 1ᵉʳ, 2ᵉ et 4ᵉ corps sont venus occuper des campements à Melzo et villages environnants.

La Garde s'établit à Gorgonzola.

DÉPART DE TREVIGLIO POUR MOZZANICA (9 KIL.).

15 juin.

Le 3ᵉ corps quitte Treviglio le 13 au matin, pour se rendre à Mozzanica (9 kil. sud-est), en passant par Caravaggio et suivant la route de Brescia.

La division de cavalerie (Partouneaux), chargée d'éclairer le pays, prend la tête de la colonne et se met en marche à six heures et demie du matin, sans ses bagages, n'emmenant avec elle que les chevaux de main des officiers.

Chaque cheval est chargé d'un repas d'avoine.

Les divisions d'infanterie partent dans l'ordre suivant :

A huit heures du matin, la 1re division (Renault) ;
A huit heures trois quarts, la 2e (Trochu) ;
A neuf heures et demie, la 3e (Bourbaki).

Tous les bagages réunis marchent derrière la troupe, suivant l'ordre des divisions auxquelles ils appartiennent.

L'artillerie de réserve est placée entre les deux brigades de la 3e division.

La cavalerie, arrivée vers neuf heures et demie à Mozzanica, pousse de fortes reconnaissances, d'un côté, sur la grande route de Brescia, vers l'Oglio ; de l'autre, au sud, sur la route de Crema ; cette route, qui vient s'embrancher avec la précédente à Mozzanica, s'étend parallèlement au Sério, cours d'eau qui coule du nord au sud, à 1 kil. au-delà du village.

L'infanterie commence à arriver à Mozzanica vers midi.

La 1re division va bivouaquer à 700 mètres en avant, à droite de la grande route de Brescia.

La 2e, à pareille distance, sur la gauche de la route.

La 3ᵉ, à 3 kil. en avant, au-delà du Sério, près de Sola, petit village où elle arrive à trois heures de l'après-midi.

La cavalerie, de retour de ses reconnaissances, qui n'ont rien signalé, s'établit au bivouac derrière les 1ʳᵉ et 2ᵉ divisions d'infanterie.

Le quartier-général du 3ᵉ corps occupe le village.

POINTS OCCUPÉS PAR LES AUTRES CORPS D'ARMÉE.

Le même jour (13 juin), le 1ᵉʳ corps passe l'Adda à Cassano et occupe Treviglio.

Le 2ᵉ corps passe la rivière à 3 kil. en aval de Cassano, en face d'Albignano et s'établit près de Caravaggio.

Le 4ᵉ va occuper Albignano.

L'Empereur et la Garde restent à Gorgonzola.

DÉPART DE MOZZANICA POUR FONTANELLA (8 KIL. EST).

14 juin.

Le 14 juin, le 3ᵉ corps se porte de Mozzanica à Fontanella, à 8 kil. à l'est, vers l'Oglio.

Comme la veille, la cavalerie, chargée d'éclairer le pays, prend la tête de la colonne et se met en marche à six heures et demie.

La 2ᵉ division part à huit heures et la 1ʳᵉ à dix heures.

La 3ᵉ division, campée en avant, à Sola, doit prendre la gauche de la colonne, après le passage de cette dernière.

L'artillerie de réserve, n'ayant que ses pièces et un caisson par pièce, marche entre les deux dernières divisions.

Le restant des voitures et tous les bagages suivent dans l'ordre des divisions.

La colonne arrive à deux heures et demie à Fontanella, et toutes les troupes sont installées dans leurs bivouacs à quatre heures et demie

La 1re division est campée sur la droite du village ; la 2e sur la gauche et la 3e en avant, sur la route de Soncino.

La division de cavalerie, bivouaquée en deçà, pousse des reconnaissances en avant, vers Soncino, et, en arrière, sur l'Oglio, par Antignate et Calcio, village situé sur la route de Milan à Brescia, et dont le pont, construit sur l'Oglio, a été détruit par l'ennemi.

Aucun parti ennemi n'est rencontré, et tous les rapports des habitants s'accordent à dire que les Autrichiens se retirent vers la Chièse et le Mincio.

Le Maréchal, après s'être porté jusqu'à Calcio avec une partie de sa cavalerie, revient établir son quartier-général à Fontanella.

SÉJOUR A FONTANELLA.

Le 3ᵉ corps séjourne le 15 juin dans cette localité, dont la population est de 1,631 habitants.

Ce corps a actuellement la mission de couvrir le flanc droit de l'armée, qui se porte sur l'Oglio et Brescia, ayant pour ligne d'opération la grande route de Milan à cette dernière ville, par Treviglio, Calcio et Chiari.

POINTS OCCUPÉS PAR LES AUTRES CORPS D'ARMÉE.

Les 1ᵉʳ, 2ᵉ, 4ᵉ corps, et la Garde, s'avancent sur cette ligne, à très-peu de distance les uns des autres, se reliant entre eux, et pouvant promptement se réunir dans un moment donné.

L'ennemi a été signalé sur la Chièse.

Le corps-franc de Garibaldi, qui s'est avancé de Brescia sur les routes de Lonato et de Castiglione, a eu un engagement d'avant-garde à Castenedolo, où l'ennemi, supérieur en nombre, l'a forcé de se replier sur Brescia.

L'armée sarde est aussitôt accourue (16 juin) pour appuyer le corps-franc, et a pris position sur deux lignes, en avant de Brescia, pour couvrir cette ville et surveiller les routes de Lonato et Castiglione, qui y convergent.

La première de ces routes conduit, le long et au sud du lac de Guarde, à Peschiera, sur le Mincio supérieur, et à Vérone, sur l'Adige ; la deuxième mène à Mantoue, située sur le Mincio inférieur.

DÉPART POUR SONCINO (8 KIL.) ET ORZI-NOVI (11 KIL.).

16 juin.   Les troupes du 3ᵉ corps quittent Fontanella le 16, à cinq heures du matin, pour se rendre, parallèlement à l'Oglio, à Soncino (8 kil. sud-est), et Orzi-Novi (11 kil.), situé de l'autre côté de l'Oglio.

La division de cavalerie se met en marche à quatre heures trois quarts, traverse le village de Fontanella, et prend à droite, à la sortie du village, un chemin qui mène, le long d'un canal, à Soncino, par Romanengo-della-Moletta. Elle n'est suivie que des chevaux de main et de ses mulets de bât.

Son artillerie et ses voitures de bagages doivent suivre la grande route.

La 3ᵉ division, campée en avant de Fontanella, part à cinq heures et quart, et suit la grande route qui mène à Soncino, et qui n'est autre que celle de Bergame à Crémone, s'étendant à peu près parallèlement à l'Oglio, sur la rive droite de cette rivière.

La 3ᵉ division emmène derrière elle tous ses IMPEDIMENTA.

La 1re division part à six heures et suit la route prise par la cavalerie, n'emmenant que ses mulets de bât et ses cacolets.

Son artillerie et ses voitures se rendent à Soncino par la grande route.

Ce même jour, le général Picard, qui commande la 1re brigade de cette division, quitte ce commandement, pour aller prendre celui d'une brigade de la Garde.

La 2e division part de Fontanella à huit heures, et suit la grande route, sur les traces de la 3e.

Derrière elle, marchent l'artillerie de la division de cavalerie, celle de la division Renault, puis celle de la réserve, enfin les convois de l'administration et les bagages, dans l'ordre de marche des divisions.

Les troupes arrivent dans leurs positions de Soncino et Orzi-Novi, de neuf heures à onze heures et demie du matin.

Soncino, gros bourg de 4,250 habitants, situé à 8 kil. sud-est de Fontanella et à 1,200 mètres de l'Oglio, sur la rive droite de cette rivière, se trouve à l'embranchement des deux routes importantes de Bergame à Crémone et de Lodi à Brescia.

Le pont en bois, construit sur l'Oglio, entre ce bourg et celui d'Orzi-Novi, a été fortement endommagé par l'ennemi dans sa retraite ; mais les habitants eux-mêmes l'ont promptement rétabli.

Orzi-Novi, bourg de 2,300 habitants, situé à 3 kil. (est) de Soncino, sur la rive gauche de l'Oglio, a une vieille enceinte fortifiée.

La division de cavalerie prend ses bivouacs en arrière de ce bourg, sur des emplacements où des partis ennemis ont bivouaqué deux jours auparavant.

La 1re division campe en avant, à 500 mètres du village.

La 3e division s'établit entre Soncino et Orzi-Novi, à 600 mètres au-delà de l'Oglio, et à cheval sur la grande route.

La 2e division bivouaque entre Soncino et l'Oglio, sur un petit plateau situé à gauche de la route.

Dans la journée, le 1er régiment de lanciers fait une reconnaissance sur la route de Brescia, en avant d'Orzi-Novi, jusqu'à Pompiano et Borgnano, et se rabat à droite, sur Dello, situé sur la route de Brescia à Bordolano, sur l'Oglio.

Les différents chemins qui relient ces deux routes convergeant sur Brescia, sont reconnus bons pour toutes les armes.

Le quartier-général du 3e corps, avec les réserves d'artillerie, est établi à Soncino.

Le même jour, le 4e corps est venu s'établir à Fontanella, quitté par le 3e.

Les autres corps continuent, sur la gauche, à s'avancer vers Brescia.

DÉPART DE SONCINO POUR MAIRANO (19 KIL. NORD-EST).

17 juin.

Le 3e corps reçoit l'ordre de se porter, le 17, de Soncino et Orzi-Novi sur Mairano, village situé à 19 kil. nord-est de Soncino, entre les deux routes de Brescia à Lodi et à Bordolano.

La division de cavalerie se met en marche à quatre heures et demie du matin, suit la grande route de Brescia, en passant par Orzi-Vecchi, Pompiano et Corzana. Là, elle tourne à droite, et quitte la grande route pour suivre le chemin qui mène à Ognato, Brandico et Mairano.

La 1re division part d'Orzi-Novi à cinq heures et quart, suit la grande route par Orzi-Vecchi, jusqu'à Pompiano seulement, et, de là, tourne à droite pour se rendre à Mairano, en passant par les villages de Méano, Bargnano et Longhera.

Ces deux divisions reçoivent l'ordre de se faire éclairer fortement et de marcher compactes autant que possible.

Derrière la 1re division, marchent les bagages de la division de cavalerie, puis les siens.

La 2e division quitte ses bivouacs de Soncino à six

heures, pour suivre le même itinéraire que la division de cavalerie.

La 3e division part de son campement, entre Soncino et Orzi-Novi, à sept heures et demie, et marche sur les traces de la 1re division.

L'artillerie de réserve, les convois de l'administration et les bagages suivent le même chemin.

A cinq heures du soir, l'installation des troupes dans leurs bivouacs autour du village, est terminée. Elles se gardent avec la plus grande vigilance; de forts avant-postes sont établis jusque près de la grande route de Bordolano à Brescia.

Le quartier-général s'établit dans le village de Mairano.

POINTS OCCUPÉS PAR LES AUTRES CORPS D'ARMÉE.

17 juin.

Le même jour, le 4e corps, qui a passé l'Oglio derrière le 3e, vient s'établir à Orzi-Vecchi.

Les autres corps occupent des positions sur la gauche du 3e, et à la même hauteur, sur une ligne à peu près parallèle à la Mella, cours d'eau qui coule du nord au sud, passe à 3 kil. à l'ouest de Brescia, et se jette dans l'Oglio, à dix lieues de là.

Le quartier impérial est à Travigliata, à 7 kil. en deçà de Brescia.

Ainsi, les différents corps d'armée s'étendent, parallèlement à la Mella, jusque près de Brescia, n'étant séparés les uns des autres que par des distances de 4 à 5 kil.

DÉPART DE MAIRANO POUR PONCARALE (6 KIL. NORD-EST), BORGO-PONCARALE (8 KIL.) ET MONTIRONE (10 KIL.).

18 juin.

Dans la journée du 18, le 3ᵉ corps franchit la Mella, pour se rendre de Mairano à Poncarale (6 kil.), Borgo-Poncarale (8 kil.) et Montirone (10 kil.).

La division de cavalerie quitte ses bivouacs de Mairano à quatre heures et demie du matin, pour se rendre à Montirone, en passant par Pievedizzo, Azzano, Capriano, Poncarale et Borgo-Poncarale.

La 2ᵉ division se met en marche à cinq heures, gagne la grande route de Brescia, qu'elle suit pendant 2 kil., passe à Boldeniga, Corticelle, Bagnolo et Borgo-Poncarale.

La 3ᵉ division quitte son bivouac à cinq heures et quart, et se rend à Poncarale, en passant par Pievedizzio, Azzano et Capriano.

La 1ʳᵉ division part à sept heures de Mairano, et se rend à Borgo-Poncarale, en suivant le même itinéraire que la 2ᵉ.

L'artillerie de réserve et les bagages marchent derrière cette division, et suivent le même chemin.

Les 1ʳᵉ et 2ᵉ divisions sont installées au bivouac,

en avant de Borgo-Poncarale, où s'établit le quartier-général.

La 3ᵉ division campe à Poncarale.

L'installation est terminée vers deux heures de l'après-midi.

La cavalerie est arrivée à Montirone vers dix heures du matin.

POINTS OCCUPÉS PAR LES AUTRES CORPS D'ARMÉE.

Le même jour, l'Empereur et la Garde se rendent à Brescia.

Le 1ᵉʳ corps se porte en avant de cette place, sur les routes de Lonato et de Monte-Chiaro, pour appuyer l'armée piémontaise et se relier avec le 2ᵉ corps, qui vient s'établir à la gauche du 3ᵉ, à San-Seno, sur la grande route de Crémone à Brescia.

Le 4ᵉ va bivouaquer à Bagnolo, à la droite du 3ᵉ corps, et également sur cette grande route.

Ainsi, toute l'armée faisant face à la Chièse se trouve réunie, le 18, de Bagnolo à Brescia et environs; c'est-à-dire, sur une étendue de 9 kil. seulement.

SÉJOUR A BORGO-PONCARALE.

19 et 20 juin. Les journées des 19 et 20 juin sont des journées de repos pour les troupes de tous les corps d'armée.

Ces corps, qui, depuis plusieurs jours, en raison de

la proximité de l'ennemi, ne marchent qu'à des distances d'une à deux lieues les uns des autres, ont
éprouvé plus de fatigue dans les courtes étapes qu'ils
ont parcourues, que s'ils avaient franchi des distances
doubles sur des routes libres.

Les temps d'arrêt inévitables sur des espaces si res-
treints, les rencontres avec les troupes ou les IMPEDI-
MENTA d'autres corps, ont rendu toutes ces marches
très-pénibles. Un repos est donc nécessaire.

D'après les ordres de l'Empereur, désormais chaque division formera une colonne de marche, ainsi
composée :

Chaque régiment en colonne sera précédé d'un peloton de cavalerie, suivi de 20 sapeurs du génie, puis
de deux pièces de canon sans caissons et d'une compagnie de chasseurs à pied.

Le premier et le quatrième régiments seront suivis
de deux canons et quatre caissons, les deuxième et
troisième régiments des deux caissons appartenant
aux deux canons placés à leur tête.

Le restant du bataillon de chasseurs occupera la
tête du premier régiment.

DÉPART DU 3ᵉ CORPS POUR MEZZANE (27 KIL. SUD-EST),
SUR LA CHIÈSE.

21 juin. Le 3ᵉ corps doit se rendre, le 21, à Mezzane, petit

village situé à 400 mètres de la Chièse, sur la rive droite, et à 27 kil. sud-est de Borgo-Poncarale.

La division de cavalerie Partouneaux est mise, par ordre de l'Empereur, à la disposition du général Niel, ainsi que la division de cavalerie Desvaux, du 1er corps.

Ces deux divisions de cavalerie doivent aller s'établir en avant de Carpenedolo, à 3 kil. au-delà de la Chièse, pour éclairer le pays et couvrir le 4e corps, qui doit prendre ses bivouacs, le même jour, à Carpenedolo, et occuper ainsi les positions les plus rapprochées de l'ennemi.

La division Partouneaux quitte ses bivouacs de Montirone à quatre heures du matin, et se dirige sur Mezzane, où elle doit franchir la Chièse au gué, et se porter de là à Carpenedolo.

La 3e division (Bourbaki) se met en marche à cinq heures du matin de Poncarale, traverse le village de Borgo-Poncarale, prend le chemin qui, de ce village, rejoint la grande route de Brescia à Crémone, et se dirige sur Mezzane, en passant par Montirone et Ghedi.

La 1re division (Renault) part à six heures et quart, et suit le même itinéraire.

La 2e division (Trochu) quitte ses bivouacs de Borgo-Poncarale à sept heures et demie, et prend la même route.

L'artillerie de réserve, le trésor, les convois de

l'administration, les bagages du quartier-général et ceux des divisions dans leur ordre de marche, partent de Borgo-Poncarale vers dix heures et suivent également le même chemin.

A 3 kil. au-delà de Ghedi, une vaste plaine dénudée, traversée par le chemin que suit le 3e corps et qui conduit de cette localité à Monte-Chiaro, s'étend en avant jusqu'à la Chièse, et sur la gauche, jusqu'à Castenedolo, à une distance de 6 à 7 kil.

C'est à l'entrée de cette plaine que chaque division fait une grande halte d'une heure pour faire le café.

Les divisions, après avoir quitté le chemin de Monte-Chiaro pour prendre à droite celui de Calvisano, commencent à arriver à Mezzane vers trois heures de l'après-midi.

Les bivouacs sont établis autour du village, qu'occupe le quartier-général.

La 2e division, campée en arrière et sur la droite, fournit de fortes grand'gardes, et a mission d'exercer la plus grande surveillance le long de la Chièse, dans la direction de Mantoue.

POINTS OCCUPÉS PAR LES AUTRES CORPS D'ARMÉE.

Le même jour (21 juin), le 2e corps, parti de San-Zeno, traverse, en ordre de bataille, la plaine qui s'étend devant Monte-Chiaro, occupe cette ville après avoir traversé la Chièse sur deux ponts laissés par les Autrichiens, et établit ses bivouacs en avant, sur les routes de Lonato et Castiglione.

Le 1ᵉʳ corps s'établit à Ro, en deçà de la Chièse, sur la route de Brescia à Monte-Chiaro, à 5 kil. de cette ville.

La Garde et l'Empereur se rendent à Castenedolo, à moitié chemin de Brescia à Monte-Chiaro.

L'armée piémontaise s'établit au-delà de la Chièse, en face de Lonato.

SÉJOUR DU 3ᵉ CORPS A MEZZANE.

22 juin.

Le 3ᵉ corps fait séjour les 22 et 23 juin à Mezzane.

Dans la journée du 22, les compagnies du génie de ce corps, sous la surveillance du général Chauchard, construisent un pont de chevalets sur la Chièse, en face de Mezzano, à côté d'un pont à la birago qui a été jeté par les Piémontais, et qui a servi, la veille, au passage de l'infanterie du 4ᵉ corps d'armée pour se rendre à Carpenedolò.

POINTS OCCUPÉS PAR LES AUTRES CORPS D'ARMÉE.

Le même jour (22), le 2ᵉ corps se rend à Castiglione, et l'Empereur, avec la Garde, le remplace à Monte-Chiaro.

Le 23, le 1ᵉʳ corps traverse la Chièse et se rend

à Esenta, entre Castiglione et Lonato, pour relier l'armée française avec l'armée sarde.

23 juin.

Le 23 au soir, le 3ᵉ corps reçoit l'ordre de partir le lendemain pour Médole, bourg situé à 10 kil. sud-est de Mezzane, au-delà de là Chièse, dans la belle plaine située entre cette rivière et le Mincio, au pied des hauteurs qui contournent le sud du lac de Guarde depuis Lonato jusqu'à Volta, et au]centre]desquelles se trouvent les villages de Solferino et Cavriana.

Dans le courant de la journée, l'Empereur avait appris que les Autrichiens s'étaient décidément retirés de l'autre côté du Mincio, et il avait résolu aussitôt d'aller occuper le pays abandonné par eux, et surtout les hauteurs importantes de Solferino.

Il veut y porter ses corps d'armée aussi rapprochés que possible, de manière à toujours être prêt à accepter la bataille, si l'ennemi, qui s'est retiré jusqu'à ce jour, venait à reprendre l'offensive.

Ordres donnés aux différents corps d'armée.

En conséquence, les différents corps d'armée reçoivent les ordres suivants pour la journée du 24 :

L'armée sarde, à l'extrême gauche, devra se porter sur Pozzolengo, à moitié chemin de Solferino et de Peschiera.

Le 1ᵉʳ corps, établi à Esenta, ira occuper Solferino, et se reliera avec les Piémontais.

Le 2ᵉ corps se rendra de Castiglione à Cavriana.

Le 3ᵉ, de Mezzane à Médole.

Le 4°, de Carpenedolo à Guidizzolo, à 10 kil. de Goïto, sur la grande route de Brescia à Mantoue, conservant toujours avec lui les divisions de cavalerie Partouneaux et Desvaux.

La Garde et l'Empereur se rendront de Monte-Chiaro à Castiglione, pour y remplacer le 2ᵉ corps.

Les corps marcheront militairement, et, en raison de la chaleur, ils partiront de deux à trois heures du matin.

L'ordre de marche du 3ᵉ corps prescrit que les troupes d'infanterie de ce corps passeront la Chièse à la hauteur de Visano, à 6 kil. (sud) de Mezzane ; le pont à la birago, jeté à Mezzane l'avant-veille par les Piémontais, sera replié et replacé dans la nuit par eux, à Visano, pour le passage de ces troupes.

Pour diminuer la longueur de la colonne, les bagages devront passer par Carpenedolo.

La 2ᵉ brigade (Jannin), de la 1ʳᵉ division, est désignée pour aller protéger la construction du pont, à Visano ; elle part, en conséquence, de Mezzane le 23, à sept heures du soir, précédée de la compagnie du génie de la 1ʳᵉ division et suivie de l'équipage de pont piémontais.

SOLFERINO.

SOLFERINO.

24 juin, deux heures et demie du matin. Le 24, à deux heures et demie du matin, tout le 3ᵉ corps, moins la brigade Jannin, établie dès la veille à Visano, se met en marche pour se rendre à Médole, devant passer par Visano (6 kil.), Aqua-Fredda (4 kil.), et Castel-Goffredo (7 kil.).

Les effectifs des quatre divisions sont les suivants :

1ʳᵉ division (Renault)	9,233	hommes.
2ᵉ division (Trochu)	8,772	—
3ᵉ division (Bourbaki)	9,165	—
Division de cavalerie (Partouneaux).	1,602	—
détachée au 4ᵉ corps.		

Le 3ᵉ corps doit faire, d'après l'itinéraire prescrit, un détour vers le sud, pour se rendre de Mezzane à Médole, et parcourir ainsi une distance de 22 kil.

Cette disposition a été jugée indispensable pour éviter la rencontre de ses troupes avec celles du 4e corps, qui doit se rendre de Carpenedolo à Guidizzolo, en passant par Médole.

L'artillerie de réserve, l'ambulance du quartier-général, les convois de l'administration et les bagages doivent se rendre à Médole par Carpenedolo, en traversant le pont jeté par le génie sur la Chièse, en face de Mezzane, lorsque le chemin par Carpenedolo sera devenu libre par le départ des troupes et des bagages du 4e corps.

La 1re brigade de la division Renault quitte son bivouac de Mezzane à deux heures et demie du matin, et suit le chemin de Visano, où elle rejoint la 2e brigade qui a protégé la construction du pont et a pris position sur la rive gauche.

Cette brigade prend la tête de la colonne, pour marcher sur Médole par l'itinéraire indiqué.

La 2e division part à quatre heures du matin de son bivouac de Mezzane, et suit le même chemin.

La 3e division se met en mouvement à cinq heures et quart, et marche sur les traces de la 2e.

L'artillerie de réserve et les bagages quitteront Mezzane à neuf heures, pour se rendre à Carpenedolo, et de là à Médole.

A cinq heures et demie du matin, la 1re division a

terminé son passage de la Chièse, en face de Visano ; les 2ᵉ et 3ᵉ la suivent ; il faut environ une heure et demie à chacune d'elles pour exécuter ce passage.

L'artillerie divisionnaire franchit la rivière au gué qui existe à côté du pont, sur un fond de gravier très-résistant.

il. heures et de-
.:. — Arrivée
de la tête de co-
me à Castel-
ffredo, occupé
[· l'ennemi.

En sortant d'Aqua-Fredda, vers six heures et demie du matin, la tête de colonne entend très au loin, sur la gauche, gronder le canon. Arrivée vers sept heures et demie à un kil. de Castel-Goffredo, elle apprend par des habitants que cette petite ville, entourée d'une vieille muraille, est occupée par de la cavalerie enne-mie, et que les portes en sont barricadées.

Le Maréchal arrête sa colonne, et ordonne au général Renault de se rendre maître de la place.

Le général Jannin, commandant la brigade qui est en tête, part aussitôt avec un bataillon du 56ᵉ, pour tourner la ville et y pénéter par la route de Mantoue.

Le général Renault va l'attaquer de front avec le restant du 56ᵉ, précédé du peloton du 2ᵉ hussards qui forme l'escorte du Maréchal, et qui est commandé par le capitaine Lecomte.

Ce peloton charge vigoureusement une troupe de uhlans autrichiens sortis de la ville, la sabre et fait plusieurs prisonniers.

La porte par laquelle on pénètre dans Castel-Gof-fredo, en venant de Visano, est barricadée. La compagnie du génie de la 1re division la brise à coups de hache, et des troupes du 56e pénètrent dans la ville; mais les Autrichiens l'ont précipitamment abandonnée.

La présence de ces avant-postes indique que l'ennemi n'est pas éloigné, et le canon, qui continue à se faire entendre au loin sur la gauche, fait penser au Maréchal que de graves événements se préparent, sans cependant lui faire présager encore la possibilité d'une grande bataille pour ce jour-là.

Dans tous les cas, il fait hâter la marche de ses troupes, et cherche à arriver le plus promptement possible à Médole, en prenant des chemins de traverse.

Les Autrichiens, en effet, qui, depuis la journée de Magenta, battaient en retraite devant les armées alliées et avaient repassé le Mincio, s'étaient renforcés de toutes les troupes qui occupaient le quadrilatère formé par leurs places fortes, et avaient franchi de nouveau cette rivière dans la soirée et la nuit du 23 juin, pour venir reprendre toutes les positions importantes qu'ils avaient quittées tout récemment.

Ces positions, entre la Chièse et le Mincio, leur étaient connues dans tous leurs détails : car depuis longtemps elles étaient, chaque année, un théâtre d'opérations militaires, et un sujet d'études pour les corps d'armée autrichiens qui occupaient la Lombardie.

Ainsi, à la pointe du jour, le 24, les deux armées ennemies marchaient à la rencontre l'une de l'autre, ignorant encore qu'elles allaient se choquer avec toutes leurs masses réunies.

Parti en avant pour aller reconnaître les emplacements de ses bivouacs, le Maréchal Canrobert arrive à Médole avant sa tête de colonne, à neuf heures et demie environ. Là, seulement, il apprend que ce village, occupé le matin par quelques bataillons autrichiens (1), avait été vigoureusement enlevé par la division Luzy, du 4e corps, et que tout ce corps, en ce moment vivement engagé avec l'ennemi, en avant de Médole, se trouvait ainsi arrêté dans sa marche sur Guidizzolo, où il avait l'ordre d'aller camper.

Bientôt, de fortes détonations, qui se font entendre plus à gauche dans la plaine, la fumée des feux d'artillerie et de mousqueterie qu'on aperçoit sur les hauteurs de Solferino, viennent indiquer que les autres corps d'armée sont également engagés, et qu'une grande bataille se livre de Médole à Solferino, et au-delà.

Le général de division Luzy, qui occupe la droite

______

(1) Deux bataillons du régiment d'infanterie Archiduc François-Charles. (*Bulletin autrichien.*)

du 4ᵉ corps, et qui s'est porté sur la route de Ceresara, ayant appris l'arrivée du Maréchal à Médole, lui
envoie, vers dix heures, le chef d'escadron d'état-
major Crépy, pour lui faire connaître qu'il est attaqué
sur plusieurs points par des forces supérieures, et qu'il
est menacé d'être tourné par la route de Ceresara.

Le Maréchal va aussitôt reconnaître lui-même la
route et les terrains environnants, et aussitôt que sa
tête de colonne (brigade Jannin) paraît à Médole, il la
dirige rapidement, au fur et à mesure de son arrivée,
sur la route de Ceresara.

Dix heures et quart. — La brigade Jannin est envoyée, dès son arrivée, à la droite du 4ᵉ corps.

Il est alors dix heures et quart.

En ce moment, un officier d'ordonnance de l'Empereur (le capitaine de Kleinenberg), apporte au Maréchal
une lettre d'un habitant notable d'Assola, adressée à
Sa Majesté le 23, à huit heures du soir, pour l'informer qu'un corps de 20 à 25,000 hommes était sorti de
Mantoue par la route de Marcaria, et que ses avant-
postes étaient déjà près d'Acqua-Negra (1), vers Assola.

A cette lettre, était jointe une instruction de l'Empereur au Maréchal, pour bien faire observer le côté
indiqué.

Un autre officier de la Maison impériale (le capitaine

____

(1) Ces troupes faisaient partie du 2ᵉ corps d'armée autrichien, sous les
ordres du prince Liechtenstein, qui en avait pris en personne le commen-
dement.

de Clermont-Tonnerre), arrive en même temps que le précédent, et apporte l'ordre d'appuyer la droite du 4e corps.

Le Maréchal fait répondre à l'Empereur, par le premier de ces officiers, qu'il va prendre ses dispositions pour faire observer le pays sur l'extrême droite et se garder fortement de ce côté; et, par le second, qu'il a déjà prévenu l'intention de Sa Majesté, en envoyant la brigade Jannin soutenir la droite du 4e corps, et que le restant de la division Renault s'y transportera également, dès que ses régiments arriveront.

Le Maréchal devait donc être préoccupé d'une attaque sérieuse sur sa droite, par la forte colonne autrichienne sortie la veille au soir de Mantoue; cette colonne, d'après les renseignements reçus, ne doit pas tarder à arriver par Castel–Goffredo.

En conséquence, il informe de cette circonstance les généraux des 2e et 3e divisions, dont les troupes s'étendent encore de Médole à Visano, afin qu'ils prennent des positions pour couvrir le flanc droit de l'armée, et qu'ils massent le plus possible leurs troupes, pour être prêts à toute attaque contre leur droite.

D'un autre côté, il songe, dès les premiers avis que le général de Luzy lui a donnés de sa position, à protéger efficacement la droite du 4e corps.

Position prise par
le général Jan-
nin.

Le général Jannin, aussitôt son arrivée à Médole,
vers dix heures et quart, s'est porté avec le 41ᵉ sur
la route de Ceresara, pour se mettre à la disposition
du général de Luzy.

Ce régiment prend position à 2 kil. de Médole, sur la
droite de la route, en couvrant son front d'une ligne
de tirailleurs, à 400 mètres en avant.

Une section d'artillerie est mise en batterie sur la
route même, à hauteur de cette ligne. Elle ouvre immédiatement son feu contre des pièces autrichiennes,
établies également en batterie sur la route, à environ
2 kil. de là, et contre des colonnes ennemies qui se
dirigent sur la droite.

Après quelques coups de canon échangés, les pièces
autrichiennes battent en retraite, par suite, probablement, de l'infériorité de leur tir.

Le 56ᵉ de ligne, qui avait été retardé dans sa marche par le mouvement tournant qu'il avait exécuté à
Castel-Goffredo, rejoint le 41ᵉ vers onze heures et
demie. Il est placé en retour, derrière le 41ᵉ, faisant
face à Castel-Goffredo, de manière à surveiller le mouvement tournant annoncé de la part de l'ennemi.

Après l'arrivée du général Jannin, les attaques des
Autrichiens, qui, jusqu'alors, avaient été très-achar-
nées sur la route de Ceresara, contre la droite du général de Luzy, avaient complètement cessé sur ce

point, et avaient pris plus de consistance sur le centre du 4ᵉ corps, vers le village de Rebecco.

Les dispositions prises par le général Jannin, qui garde ainsi la route de Ceresara, permettent au général de Luzy d'appuyer sur sa gauche, dans la direction de ce village.

Les attaques sur Rebecco paraissant de plus en plus vives, le Maréchal fait donner l'ordre, vers midi, au général Renault d'envoyer, le plus promptement possible, son autre brigade rejoindre la brigade Jannin. Comme cette dernière, elle doit déposer ses sacs, prendre toutes ses cartouches et un biscuit.

Cette brigade laisse deux bataillons du 23ᵉ à Médole, pour la garde de ce village, et part aussitôt pour rejoindre la 2ᵉ.

Vers une heure, la 1ʳᵉ division, après avoir pris toutes les positions qu'occupait la division Luzy, se trouve définitivement établie sur deux lignes, à droite et à gauche de la Seriola-Marchionale, petit cours d'eau longeant la route. Elle est ainsi à cheval sur la route de Ceresara, et se relie fortement à la droite du 4ᵉ corps par sa gauche (1).

L'ennemi, voyant l'impossibilité de tourner l'extrême aile droite du 4ᵉ corps, par suite de l'arrivée suc-

(1) Voir ci-après, aux *Pièces justificatives*, le Rapport du général Renault.

cessive de ces forces, qu'il croit sans doute bien plus importantes, porte tous ses efforts sur la gauche et le centre de ce corps.

Il dirige simultanément les attaques les plus acharnées : contre la division Vinoy, qui s'appuie, à gauche, à la ferme de Casa-Nova ; contre la division de Failly, qui occupe au centre le hameau de Baite ; et, à droite, contre la division Luzy, dont une brigade (Douay) se maintient à peine dans Rebecco, dont elle a été repoussée plusieurs fois.

Vers une heure et demie, le général Niel fait prévenir le général Renault qu'il ait à suivre le mouvement que faisait la division Luzy sur la gauche.

Le général Douay venait d'être blessé et remplacé, dans le commandement de sa brigade, par le colonel O'Malley (du 73ᵉ), régiment que le général Niel avait été obligé de faire venir de la division Vinoy.

Pendant que la division Renault marche sur Rebecco, le colonel O'Malley, avec ses deux bataillons du 73ᵉ, reprend ce village, après un combat très-vif, et s'établit en avant, décidé à repousser tout retour offensif.

Mais l'ennemi cherche à le tourner par sa droite.

Le général Renault, arrivé à temps, lance aussitôt, sous le commandement du colonel Guilhem (du 90ᵉ), une colonne composée d'un bataillon du 56e, du 90e de ligne, de deux compagnies du 8e bataillon de chasseurs et d'une section d'artillerie, pour appuyer le colonel O'Malley et se rendre maître définitivement du village.

Une vigoureuse charge à la baïonnette, dirigée par le commandant Schwartz (du 56e), sur l'ennemi, qui cherche à déborder le 73e, placé ainsi à l'extrême droite du 4e corps, a un succès complet, et des prisonniers sont faits (1).

Le colonel Guilhem établit aussitôt un bataillon du 90e dans le village, les deux autres en réserve, derrière; en avant, la position est occupée par les deux compagnies du 8e bataillon de chasseurs, les deux bataillons du 73e, et, à leur droite, celui du 56e.

La possession de Rebecco, qui a été pris et repris plusieurs fois dans la journée, est définitivement assurée vers deux heures.

L'ennemi, découragé sur ce point par l'arrivée des

(1) On lit dans le *Bulletin autrichien* sur la bataille de Solferino :

« Pendant plusieurs heures, à l'aile gauche de la première armée autrichienne, le combat se livra pour la possession de Rebecco, où l'ennemi envoyait constamment de Médole des réserves fraîches. »

Et plus loin, au sujet d'une attaque générale de cette aile, sur l'ordre de l'Empereur :

« Fortement et sans cesse pressées sur leur flanc gauche, ces troupes ne purent cette fois encore obtenir un bon résultat. »

troupes du général Renault, qu'il croit beaucoup plus fortes, n'y renouvelle plus ses attaques, et renonce ainsi au projet qu'il avait formé jusqu'alors de déborder la droite du 4ᵉ corps.

La présence de cette division sur ce point eut donc un effet moral des plus importants (1), puisqu'elle empêcha l'ennemi d'exécuter un projet dont la réussite eût gravement compromis le 4ᵉ corps en entier, et peut-être le résultat de la journée.

En arrière et à gauche du village, le général Renault, vers deux heures et demie, établit encore deux bataillons en échelons, afin de donner la plus grande sécurité au général Niel pour son extrême droite.

COMBATS DES 1ᵉʳ ET 2ᵉ CORPS, ET DE LA GARDE.

Sur la gauche, les 1ᵉʳ et 2ᵉ corps, ainsi que la Garde, combattaient avec la plus grande énergie pour la possession des hauteurs de Solferino et de Cavriana, et l'armée sarde pour celle des plateaux de San-Martino.

En arrivant, dès le matin, aux premiers coups de canon, de Montechiaro à Castiglione, et en apprenant que ses têtes de colonnes étaient partout sérieusement

______

(1) Voir ci-après, aux *Pièces justificatives*, le deuxième Rapport du général Renault.

engagées sur les routes qu'elles devaient suivre pour se rendre à leurs nouveaux bivouacs, l'Empereur avait été immédiatement convaincu qu'une grande bataille de rencontre allait se livrer.

Sa Majesté pensa aussitôt que, dans une circonstance aussi grave, la victoire serait sans aucun doute pour celui qui s'arrêterait le premier à un parti, et saurait le plus vite possible prendre ses positions, après avoir transformé son ordre de marche en ordre de combat.

En conséquence, Elle se décida sur-le-champ à concentrer, avec les corps les plus proches, ses principaux efforts sur les hauteurs de Solferino, qui devinrent pour Elle la clef de la position, et à chercher ainsi à rompre le front des Autrichiens par une grande attaque du centre de l'armée alliée.

Le 1ᵉʳ corps et l'infanterie de la Garde furent chargés d'enlever la position de Solferino, sur laquelle l'ennemi avait déjà accumulé des troupes et de l'artillerie.

Le 2ᵉ corps, après s'être d'abord déployé sur deux lignes, à cheval sur la route de Goïto, et avoir ouvert un feu très-vif de toute son artillerie, contre les masses ennemies venant de Guidizzolo, reçut l'ordre d'appuyer, sur sa gauche, les attaques du 1ᵉʳ corps et de la Garde, et d'enlever ensuite les positions de Cavriana.

Toute la cavalerie de la Garde, sur un ordre de l'Empereur, prit position vers onze heures sur la place qu'occupait d'abord le 2e corps, afin de le relier avec le 4e et les divisions de cavalerie Desvaux et Partouneaux.

Les attaques de la Garde, des 1er et 2e corps, sur Solferino, San-Cassiano, le mont Fontana et Cavriana, furent des plus acharnées et dirigées en personne par l'Empereur, qui se tint longtemps, exposé aux projectiles, sur le mont Fénile, en face et non loin de la tour de Solferino, et se rendit ensuite sur les monts Sarco et Fontana, à mesure que ses attaques avancèrent sur Cavriana.

Toutes les positions de l'ennemi sur les hauteurs furent successivement enlevées après d'opiniâtres combats, et, vers trois heures, Cavriana tombait au pouvoir de la division de La Motterouge (du 2e corps) et des voltigeurs de la Garde (du général Manèque).

Acharnement de l'ennemi contre le 4e corps. Le 4e corps continuait toujours à combattre avec une admirable valeur, pour se maintenir dans ses positions de la Casa-Nova et de Baite.

L'ennemi (1), qui s'est vu repoussé successivement

(1) Les positions des hauteurs étaient défendues par la deuxième armée autrichienne, sous les ordres du général de cavalerie comte Schlick. Cette armée se composait :

des hauteurs de Solferino et de Cavriana, par les troupes de la Garde, du 1er et du 2e corps, semble tenter de suprêmes efforts sur les positions occupées par le corps Niel.

De Guidizzolo, où sont massées des forces et des réserves considérables, arrivent sans cesse de nouvelles colonnes d'attaque, qui se succèdent sans interruption, mais ne peuvent parvenir à forcer la ligne du 4e corps, qui soutint en ce jour une lutte des plus mémorables (1).

C'est à la faveur des massifs d'arbres qui interceptent la vue, qu'elles arrivent constamment, à l'improviste, sur les troupes de ce corps, épuisées par des combats qui durent depuis huit heures du matin, par une chaleur d'orage des plus accablantes.

Les divisions de cavalerie Partouneaux et Desvaux, qui étaient arrivées par la route de Mantoue derrière le 2e corps, avaient pris position, vers onze heures,

Des 1er corps (Clam-Gallas). ⎱ qui combattirent à Solferino ;
    5e — (Stadion)..... ⎰
    7e — (Zobel), qui occupa Cavriana et les environs ;
    8e — (Benedeck), aile droite, qui combattit à San-Martino;
Division de cavalerie Mensdorff, qui appuya le 7e corps.

(1) Il eut à résister pendant de longues heures à l'offensive de toute l'aile gauche ennemie (1re armée, 3e corps), qui chercha en vain à forcer la droite de l'armée alliée, dans le but de tourner cette dernière et de l'acculer au lac de Guarde, de concert avec les attaques de Schlick.

en arrière et à gauche de la ferme de la Casa-Nova. L'artillerie de ces divisions, par un feu d'écharpe, et plusieurs charges exécutées par elles, avaient été d'un grand secours au 2ᵉ corps pour repousser une forte colonne ennemie, qui s'était avancée contre lui par la route de Guidizzolo.

La division du général Vinoy, s'appuyant à la ferme de la Casa-Nova, et formant l'aile gauche du 4ᵉ corps, soutenait seule depuis plusieurs heures les attaques que l'ennemi cherchait constamment à diriger contre elle avec des masses considérables, dans le but de se jeter entre le 2ᵉ corps et le 4ᵉ.

La ferme, prise et reprise plusieurs fois, est devenue le théâtre des combats les plus acharnés.

Assailli à plusieurs reprises par des forces supérieures, le général Vinoy, qui a repoussé toutes ces attaques avec l'intrépidité qui le caractérise, fait demander au général Partouneaux, dont la division de cavalerie est la plus rapprochée de sa position, de lui venir en aide.

Charges fournies par la division de cavalerie Partouneaux.

Malgré la difficulté du terrain, couvert d'arbres et coupé de fossés, le général Partouneaux n'hésite pas à jeter la brigade de hussards (2ᵉ et 7ᵉ) en avant, sous le commandement du général de Clérembault.

Cet officier général, par plusieurs charges brillantes

à la tête du **2ᵉ** hussards, arrête une forte colonne de Croates, qui était arrivée jusque près de la ferme, et permet au général Vinoy de rallier ses troupes.

La brigade de lanciers, commandée par le général Labareyre, fournit également de belles charges sur des colonnes ennemies qui ont succédé aux premières, et leur fait de nombreux prisonniers.

Ces attaques continuelles contre toute sa ligne obligent le général Niel, dont toutes les réserves ont été engagées, à demander de nouveaux renforts au 3ᵉ corps.

Le Maréchal Canrobert, qui lui a envoyé déjà sa 1ʳᵉ division, comprend qu'il y a urgence de lui envoyer encore des renforts. Mais, pour cela, il faut qu'il sache à quoi s'en tenir sur l'arrivée de l'ennemi contre lequel il doit se tenir en garde.

Sa division de cavalerie, qui, depuis deux jours, a été mise à la disposition du général Niel, lui fait le plus grand défaut : car, avec elle, il pourrait faire éclairer au loin sa droite, et s'assurer exactement des intentions du corps autrichien, qui doit arriver sur son flanc et ses derrières.

Mais les reconnaissances faites, d'après ses ordres, par la division du général Bourbaki, qui, sans cavalerie, a pris position près de Castel-Goffredo, ne si-

gnalent point l'approche de troupes d'infanterie ennemie : elles n'ont aperçu que des détachements de
cavalerie avec de l'artillerie légère.

Dès qu'il a reçu ces renseignements, le Maréchal
s'empresse de concilier le désir qu'il éprouve de venir
de nouveau en aide au général Niel, avec l'obligation
où il se trouve, par les instructions de l'Empereur, de
se préoccuper fortement d'une attaque sur sa droite.

Midi et demi. — Le général Trochu se porte, avec une brigade, au centre du 4ᵉ corps.

Il pense que la division Bourbaki et la brigade
Collineau (de la 2ᵉ division), suffiront pour repousser
toute attaque dirigée par Castel-Goffredo, et, à midi
et demi (1), il donne l'ordre au général Trochu de

(1) Voir ci-après, aux *Pièces justificatives*, le Rapport du général
Trochu.

Les rapports des différents chefs offrent quelquefois des dissidences relativement aux heures. Cela s'explique facilement. On ne songe pas toujours
à regarder l'heure au moment d'un ordre ou d'un mouvement, et, quand
le soir ou le lendemain d'une affaire, ces chefs rassemblent leurs souvenirs
pour coordonner, dans un rapport, l'ensemble des opérations et les instants
de leur exécution, leurs appréciations respectives du temps peuvent bien
offrir des différences. Une foule d'incidents qui, en raison de l'étendue du
champ de bataille, sont souvent connus des uns et ignorés des autres, les
préoccupations de chacun d'entre eux, leurs impressions personnelles, tout
cela doit nécessairement influencer et faire varier leurs appréciations de la
marche du temps, quand ils n'ont pas songé à s'en assurer. Il ne faut donc
pas s'étonner si quelquefois les heures indiquées par le Maréchal Canrobert,
dans son Rapport sur la bataille de Solferino, ne sont pas les mêmes que
celles données par ses généraux divisionnaires. Mais d'après tous les renseignements que nous avons recueillis, toutes les investigations consciencieuses auxquelles nous nous sommes livré, et surtout d'après les affirmations les plus positives qui nous ont été faites à cet égard par des
officiers qui ont pensé à prendre les heures, nous croyons *fermement*
que celles indiquées par les généraux Renault et Trochu approchent le plus
de la vérité.

quitter sa position au sud de Médole, et d'aller, avec la brigade Bataille, se mettre à la disposition du général Niel, sur la gauche de Rebecco.

Le général part aussitôt, traverse Médole, et, lançant sa brigade à travers champs, dans la direction de la Casa-Nova, il entre en ligne à une heure et demie, entre la division Vinoy, qui s'appuie à la ferme de Casa-Nova, et la division de Failly, qui occupe Baite, et qui a eu également à soutenir depuis longtemps la lutte la plus opiniâtre.

Le général Trochu déploie d'abord la brigade Bataille par bataillons en colonne, à demi-distance par division, face à Guidizzolo, et couvre son front d'une forte ligne de tirailleurs.

Le 44e de ligne (colonel Pierson) forme l'aile droite; le 43e (colonel Broutta) et le 19e bataillon de chasseurs (commandant Le Tourneur), le centre et l'aile gauche.

Le Maréchal Canrobert se porte de sa personne vers cette brigade, et, après avoir reconnu le terrain en avant, il fait disposer les bataillons en échiquier, en colonne serrée par division; l'aile gauche de la ligne est refusée de manière à se relier toujours avec la division Vinoy, tandis que la droite est portée en avant, sur la gauche de Baite.

L'artillerie de la 2e division est établie à portée, de manière à agir efficacement.

Renforcé sur son centre par l'arrivée de cette brigade, le général Niel tente un dernier effort par un mouvement offensif sur Guidizzolo, avec quatre bataillons de la divison Luzy et deux bataillons de la division de Failly.

Mais ces troupes, décimées par une longue lutte et harassées par la fatigue et la chaleur, après avoir repoussé l'ennemi jusqu'en vue des premières maisons de Guidizzolo, se trouvent tout à coup en face de profondes colonnes d'attaque autrichiennes, qui s'avancent contre elles, faisant un feu meurtrier de mousqueterie et d'artillerie, et les forcent à rétrograder sur Baite.

Trois heures. — La brigade Bataille se porte en avant contre trois fortes colonnes autrichiennes.

Le général Niel ordonne alors au général Trochu de se porter en avant. Il est environ trois heures.

Pour soutenir le mouvement de cette brigade, placée ainsi sous les ordres du général Niel, le Maréchal Canrobert prescrit au général Courtois d'Hurbal de faire avancer son artillerie de réserve, commandée par le colonel Bertrand, et de lui faire prendre position.

L'ennemi s'avance en trois colonnes: l'une par la route de Guidizzolo à Rebecco; la deuxième, par un chemin creux débouchant de Guidizzolo sur le centre, entre la Casa-Nova et Baite; la troisième, sur la gauche, s'avance parallèlement à la grande route de Mantoue.

La brigade, entraînée par l'exemple de ses généraux, marche à l'ennemi dans son ordre en échiquier, avec la même régularité que sur un champ de manœuvres, quoiqu'elle ait à parcourir un terrain coupé de fossés, couvert d'arbres, de vignes, de champs de maïs, qui interceptent à chaque instant la vue.

C'est ce rideau de végétation qui empêche le 1er bataillon du 44e, placé à l'extrême droite de la ligne, de s'apercevoir que la colonne de gauche des Autrichiens, qui s'est avancée par la route de Guidizzolo à Rebecco, l'a complètement débordé et va l'envelopper.

Mais le général Bataille voit immédiatement l'imminence du danger ; il fait faire face à droite aux deux autres bataillons du 44e, disposés en échiquier en arrière, et les lance rapidement, sous le commandement du colonel Pierson, dans la direction d'une tuilerie située près du chemin de Rebecco, et dans laquelle l'ennemi s'est déjà solidement établi.

Ces deux bataillons, vigoureusement conduits par le colonel Pierson et les commandants Condamin et Richoux, enlèvent la position, refoulent l'ennemi sur la route de Guidizzolo, en lui prenant deux canons et faisant de nombreux prisonniers.

Le général Bataille occupe la tuilerie, et en fait un solide point d'appui pour la droite de la brigade.

La colonne ennemie du centre n'a pas plus de succès

dans son attaque. Elle rencontre les trois bataillons du 43ᵉ, qui, par leur disposition, se soutiennent réciproquement contre les masses prêtes à les envelopper.

Le général Trochu, qui parcourt toute sa ligne, les anime par sa présence, son courage et quelques-unes de ces paroles chaleureuses qui vont au cœur du soldat.

L'ennemi est repoussé sur ce point, comme sur la droite, par des charges à la baïonnette exécutées avec la plus grande vigueur.

C'est dans une de ces charges que le colonel Broutta est frappé mortellement à la tête par une balle.

La colonne d'infanterie autrichienne qui arrivait sur l'aile gauche de la brigade, parallèlement à la grande route de Guidizzolo, s'avançait derrière des massifs de bois qui la dérobaient à la vue de cette brigade et de la division de cavalerie Partouneaux, formée en arrière et sur sa gauche.

Mais la division de cavalerie Desvaux, qui a pris position à gauche de la division Partouneaux, aperçoit cette colonne. Son général comprend sur-le-champ tout le danger qui menace la brigade Bataille.

Aussi prend-il immédiatement ses dispositions pour arrêter, à tout prix, cette colonne dans sa marche.

Ses deux brigades, commandées par les généraux de Planhol et de Forton, sont sur deux lignes.

La 1ʳᵉ est formée par le 5ᵉ hussards (colonel Montaigu), et le 1er chasseurs d'Afrique (colonel de Fénelon). La deuxième, par le 3e chasseurs d'Afrique (colonel de Mézanges).

La première ligne fournit aussitôt des charges contre l'infanterie hongroise, qui, pour les recevoir, s'est formée en quatre carrés, au milieu et sous la protection des obstacles de toute nature qu'offre le terrain. Les tirailleurs ennemis sont sabrés et rejetés sur le premier carré, où ils portent un grand désordre, qui le force à se retirer avec de fortes pertes; elles eussent été bien plus fortes encore sans la difficulté du terrain qui protégea sa retraite.

Les autres carrés, se flanquant mutuellement par leurs feux des plus nourris, ne peuvent être entamés par les charges successives et hardies que fournissent les deux brigades l'une après l'autre, au milieu des obstacles qui désunissent leurs escadrons.

Les officiers et cavaliers isolés qui arrivent à pénétrer dans leur intérieur, les voient se refermer derrière eux et tombent frappés mortellement ou sont faits prisonniers.

Un groupe de cavaliers du 5e hussards, fait prisonnier de cette manière, est dégagé par le 19e bataillon de chasseurs, dont l'arrivée et l'attaque vigoureuse forcent définitivement l'ennemi à battre en retraite.

10

Les chasseurs d'Afrique ont éprouvé des pertes sensibles.

Mais enfin le but du général Desvaux est atteint; il a arrêté, dans sa marche, cette forte colonne, qui menaçait de déborder et de prendre à revers la brigade Bataille.

Cette brigade continue à s'avancer carrément, seule, sans réserve et sans soutien, au milieu de la vaste plaine qui s'étend jusqu'à Guidizzolo; le 19ᵉ bataillon de chasseurs, qui forme son extrême gauche, et qui poursuit l'ennemi avec ardeur, est dirigé en personne par le général Trochu, dont l'aide-de-camp, le capitaine Capitan, a son cheval tué sous lui. Il atteint bientôt la grande route de Mantoue et n'est plus qu'à quelque distance de Guidizzolo.

Quatre heures et demie. — Un orage violent met un terme à la lutte.

Mais un violent orage, qui se déchaîne tout à coup vers cinq heures, vient mettre un terme à cette longue lutte que soutenait si héroïquement le 4ᵉ corps depuis le matin. D'épais tourbillons de poussière, soulevés par l'ouragan et accompagnés d'une pluie torrentielle, dérobent les combattants à la vue les uns des autres.

L'ennemi (1), qui, avec toutes les forces accumulées

(1) Ces troupes, qui formaient l'aile gauche de l'ennemi, composaient la première armée sous les ordres du feldzeugmestre comte Wimpffen. Elles comprenaient :

Le 3ᵉ corps (Schwarzenberg) ;
Le 9ᵉ   —   (Schaffgotsche) ;
Le 11ᵉ   —   (de Weigl) ;
La division de cavalerie du lieutenant feld-maréchal comte Zedwitz.

près de Guidizzolo (trois corps d'armée et une division de cavalerie, près de 80,000 hommes), n'a pu forcer la droite de l'armée française, profite de cet orage, qui dure pendant près de deux heures avec une violence sans pareille, pour battre en retraite.

Les derniers efforts qu'il vient de faire dans la plaine de Médole, ont eu pour but de protéger la retraite générale de l'armée autrichienne, qui se retire sur Goïto et Volta, en cédant tout le champ de bataille aux armées alliées victorieuses.

Vers trois heures et demie, le Maréchal Canrobert avait envoyé, du champ de bataille, son chef d'état-major général, le colonel Besson, vers le général Bourbaki, à Castel-Goffredo, pour faire connaître à cet officier général que, si ses reconnaissances continuaient toujours à ne pas signaler l'approche de troupes d'infanterie ennemie, il ait à se porter, avec sa division, sur les lieux du combat, derrière la brigade engagée du général Trochu.

La 2e brigade de ce général devait rester devant Médole, pour couvrir ce village.

Le général Bourbaki, qui se trouvait à la gauche de sa division, non loin de Castel-Goffredo, reçut cet ordre vers quatre heures et demie. Jugeant, d'après tous les rapports qui lui étaient parvenus, qu'il n'y avait plus rien à craindre en fait d'attaque de ce côté, il se mit aussitôt en marche et arriva entre Rebecco et la Casa-Nova vers sept heures, après avoir été retardé par l'encombrement qui existait sur les routes, et surtout dans Médole.

La brigade de cavalerie du général Rochefort (du 4e corps), occupait les rues de ce village ; en outre, les nombreux convois de blessés, qui y arrivaient sans cesse, et se croisaient avec les voitures et les chevaux qui le traversaient, en rendaient le parcours par moment impossible.

A l'approche de la nuit (vers huit heures et demie), aucun bruit de combat ne se faisait plus entendre sur toute l'étendue des positions occupées par l'armée française.

Mais, dans le lointain et tout à fait sur la gauche, le canon des Piémontais retentissait jusque vers neuf heures, poursuivant dans leur retraite les corps autrichiens qui se retiraient sur le Mincio.

L'armée sarde, dans cette journée, venait également de remporter une belle victoire sur l'aile droite des troupes autrichiennes (8e corps, Benedeck), qui lui avait disputé, depuis cinq heures du matin, les plateaux de San-Martino, entre Solferino et le lac de Guarde.

A neuf heures du soir, elle campait sur le champ de

bataille et occupait Pozzolengo, à 6 kil. nord-est de Solferino et à moitié chemin de ce village à Peschiera.

Les 3e et 4e corps prennent leurs bivouacs vers huit heures et demie du soir, sur les positions qu'ils occupent sur le champ de bataille, depuis la ferme de la Casa-Nova jusqu'à Rebecco, où se trouve la division Renault.

La brigade Collineau, qui avait été laissée en avant de Médole pour couvrir ce village, rejoint le bivouac de la 2e division à neuf heures du soir.

Elle laisse un bataillon du 64e pour la garde du village et des convois.

Le Maréchal Canrobert se rend à Rebecco, et bivouaque dans l'église du village.

Les autres corps d'armée campent également sur les positions qu'ils ont conquises.

L'Empereur, avec la Garde, s'établit à Cavriana, occupé dans la journée par l'empereur d'Autriche.

Sa Majesté adresse le lendemain à l'armée l'ordre du jour suivant :

ORDRE DU JOUR.

« Au quartier-général de Cavriana, le 25 juin 1859.

» Soldats,

» L'ennemi croyait nous surprendre et nous rejeter au-delà de la Chièse ; c'est lui qui a repassé le Mincio.

» Vous avez dignement soutenu l'honneur de la France, et la bataille de Solferino égale et dépasse même les souvenirs de Lonato et de Castiglione.

» Pendant douze heures, vous avez repoussé les efforts désespérés de plus de 150,000 hommes. Ni la nombreuse artillerie de l'ennemi, ni les positions formidables qu'il occupait sur une profondeur de trois lieues, ni la chaleur accablante n'ont arrêté votre élan.

» La patrie reconnaissante vous remercie, par ma bouche, de tant de persévérance et de courage ; mais elle pleure avec moi ceux qui sont morts au champ d'honneur.

» Nous avons pris 3 drapeaux, 30 canons et 6,000 prisonniers.

» L'armée sarde a lutté avec la même bravoure, contre des forces supérieures ; elle est bien digne de marcher à votre côté.

» Soldats, tant de sang versé ne sera pas inutile pour la gloire de la France et pour le bonheur des peuples.

» NAPOLÉON. »

LE 3ᶜ CORPS VA S'ÉTABLIR DE REBECCO A SOLFERINO (6 KIL.) ET GUIDIZZOLO (5 KIL.)

25 juin.   Dès le lendemain de cette grande victoire de Solferino, qui livre définitivement la Lombardie aux armées

alliées, les différents corps continuent leur marche sur les traces de l'ennemi.

Le 1er corps va s'établir en avant de Pozzolengo dès le 25 au matin.

Le 2e et la Garde occupent Cavriana, où est le quartier impérial.

Le 4e se porte sur Volta.

Le 3e corps quitte, à une heure de l'après-midi, ses bivouacs de Rebecco pour aller camper en avant de Solferino (6 kil.).

La 1re division (Renault) et la division de cavalerie Partouneaux reçoivent l'ordre d'aller s'établir à Guidizzolo.

La division de cavalerie Desvaux (du 1er corps), est placée sous les ordres du Maréchal Canrobert et va s'établir également à Guidizzolo.

Ces deux divisions de cavalerie ont pour mission d'éclairer le pays jusqu'au Mincio, en poussant des reconnaissances dans toutes les directions, et surveillant toutes les routes avec la plus grande vigilance.

Les 2e et 3e divisions d'infanterie vont prendre leurs bivouacs en avant et à droite de Solferino, au nord-est de ce village.

Elles y sont installées vers six heures du soir.

Toutes les divisions ont reçu l'ordre de se garder avec le plus grand soin.

Le Maréchal établit son quartier-général dans l'une des dernières maisons du village, près des bivouacs.

SÉJOUR DU 3ᵉ CORPS A SOLFERINO.

26 et 27 juin. — Les 26 et 27 juin, le 3ᵉ corps fait séjour dans les positions qu'il occupe.

Le général Bataille quitte la 2ᵉ division pour aller prendre une brigade de la Garde.

Les reconnaissances, poussées par la cavalerie jusqu'à Goïto, font connaître que l'ennemi a évacué la rive droite du Mincio, après avoir détruit le pont qui relie ce village à la rive gauche, et qu'il ne reste plus que de faibles détachements d'infanterie hongroise dans quelques fermes aux alentours de Goïto.

POINTS OCCUPÉS PAR LES AUTRES CORPS D'ARMÉE.

Dans le courant de la journée du 26, le 1ᵉʳ corps va occuper Monzambano, à 9 kil. nord-est de Cavriana, sur le Mincio.

Le 2ᵉ corps quitte Cavriana et s'établit à Castellaro, à moitié chemin de Cavriana à Monzambano.

L'armée sarde s'étend de San-Martino à Desenzano, sur le lac de Guarde.

DÉPART DU 3ᵉ CORPS POUR GOÏTO (11 KIL.) ET CERLUNGO (8 KIL.).

28 juin. Dans la soirée du 27, le Maréchal Canrobert reçoit l'ordre d'aller occuper, le 28, avec son corps d'armée, les trois positions échelonnées l'une derrière l'autre, de Goïto, Cerlungo et Guidizzolo.

Les 1ʳᵉ et 3ᵉ divisions d'infanterie prendront position en-deçà et au nord-ouest de Goïto (11 kil. de Solferino), à cheval sur la grande route de Mantoue.

La 2ᵉ division et la division de cavalerie Partouneaux s'établiront près de Cerlungo (8 kil. de Solferino), et au-delà de ce village.

La division de cavalerie Desvaux, placée en troisième ligne, restera à Guidizzolo, mais établira ses bivouacs en avant et à 2 kil. sud-est.

En vertu de ces ordres, la 3ᵉ division (Bourbaki) quitte ses bivouacs de Solferino à trois heures et demie du matin, et suit un chemin qui, situé au pied des hauteurs de Cavriana, passe à Foresto, Cereta, et rejoint la route de Volta à Goïto, route qui regagne, près de ce village, celle de Mantoue.

La 2ᵉ division, qui doit s'arrêter à Cerlungo, suit la 3ᵉ, et quitte ses bivouacs à cinq heures du matin. Près de Cereta, elle doit quitter le chemin suivi par la 3ᵉ, pour en prendre un autre qui conduit directement à Cerlungo.

La 1ʳᵉ division, établie à Guidizzolo depuis le 25, quitte cette position à quatre heures et demie du matin, pour se rendre à Goïto par la grande route de Mantoue.

Elle se fait éclairer en avant et sur sa droite par le 2ᵉ hussards, de la division de cavalerie Partouneaux.

Cette dernière division doit partir de Guidizzolo une heure et quart après la division Renault, et se rendre à Cerlungo par la même route.

La division de cavalerie Desvaux ira établir ses bivouacs en avant de Guidizzolo, dès que la route sera déblayée par les divisions Renault et Partouneaux.

L'artillerie de réserve, les bagages du quartier-général et ceux des 3ᵉ et 2ᵉ divisions, marchent derrière la colonne partie de Solferino.

Les 1ʳᵉ et 3ᵉ divisions, qui se sont avancées sur Goïto avec précaution et en prenant des dispositions de combat, sont installées dans leurs bivouacs vers midi.

La 1ʳᵉ s'établit à 1,500 mètres en deçà de Goïto, sur un plateau qui le domine ; son artillerie prend des positions favorables pour balayer les abords du village et du camp.

La 3ᵉ division s'établit sur la gauche et à 1 kil. de Goïto, faisant face au Mincio.

Ces deux divisions se gardent fortement par des grand'gardes et des postes avancés.

La 3e établit des postes le long du Mincio, ainsi qu'un cordon de sentinelles qui surveillent la rive droite.

Avant d'arriver à Goïto, à l'endroit où la route fait un coude pour descendre à ce village, se trouve un cimetière que l'ennemi a mis en état de défense, en crénelant les murs et en construisant, en avant, un redan ayant des vues sur tous les chemins qui conduisent au pont.

Sur la gauche et en avant du village, il a encore fortifié un château, où le Maréchal établit son quartier-général.

Ces ouvrages de fortification, se flanquant réciproquement, auraient pu, avec leurs feux croisés d'artillerie, présenter une longue et vigoureuse résistance, si l'ennemi avait eu à défendre Goïto et pour protéger sa retraite par le pont de ce village.

Une arche de ce pont, qui est en pierre, ayant été détruite par la mine, le Maréchal y fait construire une passerelle par le génie.

SÉJOUR A GOÏTO ET CERLUNGO.

29 et 30 juin. Le 5e corps fait séjour les 29 et 30 juin à Goïto, Cerlungo et Guidizzolo.

Le Maréchal fait faire, pendant ces journées, des reconnaissances par la cavalerie le long du Mincio ; l'ennemi n'est signalé nulle part.

Il fait également prendre des renseignements sur ce qui se passe dans le pays compris entre le Bas-Mincio et l'Oglio, par où le 5e corps (Prince Napoléon) doit arriver pour opérer sa jonction avec l'armée française.

C'est principalement dans le but de protéger cette jonction que le 3e corps a été envoyé à Goïto ; car l'intention de l'Empereur n'est point d'effectuer un passage du Mincio sur ce point.

L'ennemi, sortant de Mantoue et se portant sur Marcaria, pourrait vouloir s'opposer à la marche du Prince, l'attaquer même avec des forces supérieures, et chercher, en le séparant de l'armée française, à le mettre dans une situation critique, ayant l'Oglio derrière lui.

Dans ce cas, le soutien du 3e corps serait des plus utiles.

Mais tous les renseignements fournis par les habitants et les espions, ont fait connaître à l'Empereur que les Autrichiens ont très-peu de monde à Mantoue.

Rassuré dès-lors pour l'arrivée du 5e corps, qui a passé le Pô à Casal-Maggiore et auquel il a prescrit d'être rendu le 5 juillet à Goïto, l'Empereur, qui est venu, le 29, s'établir avec la Garde à Volta, songe à faire franchir le Mincio à l'armée française dans la journée du 1er juillet.

Partout, l'ennemi a disparu sur la rive gauche de cette rivière, et, d'après les renseignements recueillis, il a concentré ses forces du côté de Vérone et du Haut-Adige.

Le 29, le 4e corps a quitté Volta pour aller occuper, à 5 kil. au nord-est, le village de Borghetto, que le Mincio sépare de Valeggio.

Dans la même journée, la division Vinoy, de ce corps, a franchi la rivière sur un pont construit par le génie, et est allée prendre position en avant de Valeggio, pour surveiller les routes de Villafranca et de Mantoue.

D'autres ponts sont construits dans cette même journée à Borghetto, Monzambano et Pozzolo.

L'ARMÉE FRANCHIT LE MINCIO.

1er juillet.

Le 1er juillet, tous les corps doivent franchir le Mincio, d'après les ordres ci-après, donnés le 30 au soir :

L'armée sarde investira Peschiera ; la Garde occupera Valeggio ;

Le 1er corps se portera de Monzambano à Salionze,

à 3 kil. nord-est, y traversera le pont et ira s'établir sur la rive gauche, à cheval sur la route de Valeggio à Peschiera ;

Le 2ᵉ corps, traversant Monzambano et les ponts, prendra position à la droite du 1ᵉʳ corps, et reliera sa droite à la gauche du 4ᵉ corps ;

Le 4ᵉ corps occupera les hauteurs de Costoza ;

Le 3ᵉ corps, laissant à Goïto la division de cavalerie Desvaux et une division d'infanterie, se portera en avant de Valeggio, après avoir franchi le Mincio au moulin de Volta, et traversé le village de Pozzolo, situé en face.

DÉPART DU 3ᵉ CORPS POUR VALEGGIO (12 KIL.).

En vertu de ces ordres, les troupes du 3ᵉ corps sont dirigées de Goïto et Cerlungo, sur Valeggio (12 kil. nord-est de Goïto).

La division Bourbaki est laissée à Goïto pour garder le passage du Mincio sur ce point et y attendre l'arrivée du 5ᵉ corps. Elle conserve avec elle la compagnie de réserve du génie, qui, sous la direction du général Chauchard, doit élever quelques ouvrages de défense.

La 1ʳᵉ division (Renault) se met en marche à trois heures et demie du matin ; le 7ᵉ régiment de hussards, de la division de cavalerie Partouneaux, vient prendre la tête de la colonne à la hauteur du petit village de ·

Cassina-Nova, après avoir suivi le chemin qui mène de ce village à Cerlungo, et que doivent prendre également la 2ᵉ division et la division Partouneaux, pour rejoindre la colonne.

Le 7ᵉ hussards, chargé d'éclairer la marche, a avec lui deux pièces de combat.

Le chemin suivi par la colonne, sur la rive droite du Mincio, est situé sur la crête des hauteurs qui dominent cette rivière, et assez éloigné d'elle pour que des tirailleurs ennemis, embusqués sur l'autre rive, ne puissent inquiéter les troupes par leur feu.

La 2ᵉ division (Trochu) quitte ses bivouacs de Cerlungo à quatre heures et demie du matin, et rejoint la gauche de la 1ʳᵉ division par le chemin de Cerlungo à Cassina-Nova.

Les deux divisions s'avancent militairement en colonne de marche, telle que l'a prescrite l'Empereur pour les marches à proximité de l'ennemi.

Avec la 1ʳᵉ brigade de chaque division, il n'y a que les six pièces de combat d'une batterie; leurs caissons et voitures marchent avec ceux de l'autre batterie, derrière la 2ᵉ brigade.

La division de cavalerie, partie de Cerlungo à cinq heures et demie, suit les deux divisions d'infanterie, qu'elle rejoint par Cassina-Nova.

Derrière elle, s'avancent les batteries de réserve

du 3ᵉ corps, suivies des convois de l'administration, des bagages du quartier-général et de ceux des divisions.

Un bataillon de la 2ᵉ division et un escadron de hussards ferment la marche.

Les bagages seront arrêtés à moitié chemin, à Molino-della-Volta, où l'on doit franchir le Mincio sur deux ponts de bateaux.

Ils ne passeront la rivière que lorsque le 3ᵉ corps aura pris ses positions devant Valeggio.

Les deux ponts de bateaux, sur lesquels il doit franchir le Mincio, ont été construits la veille, l'un, au moulin même de Volta, l'autre à 400 mètres en aval du premier.

Leur garde est confiée à un bataillon de la 3ᵉ division et à une batterie de la Garde, venue de Volta.

Ce bataillon, qui a précédé la colonne, s'établit au bivouac, sur la hauteur qui domine le cours du Mincio, en arrière de l'emplacement où se trouve la batterie.

Passage du Mincio par le 3ᵉ corps.

Arrivée vers cinq heures et demie du matin à la hauteur des ponts, la tête de colonne du 3ᵉ corps trouve le premier pont, celui du moulin, servant au passage de la division des voltigeurs de la Garde, dont les premières troupes sont déjà à Pozzolo, situé à 1,500 mètres de là, sur la rive gauche.

Cette division s'étant trompée de chemin et de point de passage, est obligée de rétrograder. L'Empereur, qui est arrivé pour surveiller lui-même le passage de ses troupes, la remet dans la direction qu'elle doit suivre.

Cet incident retarde d'une heure la marche du 3e corps, qui ne peut passer les ponts que lorsque le chemin de Pozzolo, de l'autre côté, ainsi que les abords de la rivière, sont complètement dégagés.

Le passage commence à six heures et demie, sous les yeux de Sa Majesté, qui, venue de Volta, se rend à Valeggio, où va être transporté le grand quartier impérial.

Le pont en aval sert au passage des troupes d'infanterie; celui en amont est destiné au passage de l'artillerie, de la cavalerie, et, plus tard, à celui des convois et bagages.

L'Empereur, après s'être porté sur l'autre rive, et avoir vu défiler devant lui la 1re brigade de la division Renault, commandée par le général Doëns, nouvellement promu, se place, accompagné du Maréchal, entre cette brigade et la 2e, pour se rendre à Valeggio.

Le 7e hussards, chargé d'éclairer la division, après avoir traversé Pozzolo, quitte, à la sortie de ce village, la route qui mène directement à Valeggio, pour aller gagner, sur la droite, un autre chemin, au moyen duquel il flanque la colonne.

Le passage de chaque division exige environ une heure et demie.

Les troupes suivent le chemin qui mène du moulin à Pozzolo ; elles tournent ensuite à gauche dans l'intérieur de ce village, et prennent la route qui conduit à Valeggio, parallèlement à la rivière.

Les premières atteignent Valeggio vers dix heures et demie.

Le Maréchal les arrête à quelque distance de là ; il prescrit que les corps aient à se masser au fur et à mesure de leur arrivée, et qu'ils fassent le café, en attendant qu'ils soient dirigés sur leurs bivouacs définitifs, pour l'établissement desquels il faut aller prendre des renseignements.

Les emplacements sont déterminés par le colonel Besson quelques heures après, et, à quatre heures, toutes les divisions sont installées dans leur campement.

La 1re division est bivouaquée à 1,500 mètres en-deçà et au sud du village, entre le chemin de Pozzolo, qu'on a suivi le matin, et la grande route de Mantoue.

La 2e, à même distance, à l'est, entre la route de Mantoue et celle qui conduit de Valeggio à Villafranca et Vérone.

Cette division se relie, par sa gauche, avec les troupes de la Garde, campées entre cette dernière route et celle qui, au nord, conduit à Peschiera.

La division de cavalerie est établie en arrière, entre ces divisions et le village.

Les batteries de réserve et les magasins de l'administration sont installés à l'entrée de Valeggio, le long de la route de Pozzolo.

SÉJOUR A VALEGGIO.

„ 3 et 4 juillet. Les troupes se gardent avec le plus grand soin et séjournent dans leurs bivouacs, en avant de Valeggio.

Le 3 juillet, jour de l'arrivée du 5e corps à Goïto, la 3e division (Bourbaki) rejoint le 3e corps, et vient établir ses bivouacs en avant de ceux de la 1re division. Partie à trois heures du matin de Goïto, elle arrive à Valeggio, par le chemin de Pozzolo, à huit heures.

La division de cavalerie Desvaux a été laissée à la disposition du Prince Napoléon; elle doit continuer à faire des reconnaissances.

POINTS OCCUPÉS PAR LES AUTRES CORPS D'ARMÉE.

Dans ces journées, les autres corps d'armée ont pris les positions suivantes :

Le 1er corps, avec deux divisions sardes, est établi

à Castel-Novo, à 9 kil. nord de Valeggio et 5 kil. est de Peschiera ;

Le 2ᵉ corps prend position à Santa-Lucia, sur le pâté de hauteurs situées au nord-est de Valeggio ;

Le 4ᵉ, à Oliosi, sur les mêmes hauteurs ;

Le 5ᵉ, à Salionze, sur la rive gauche du Mincio ;

Les Toscans, arrivés avec ce dernier corps, sont envoyés à Volta.

GRAND FOURRAGE EXÉCUTÉ PAR LE 3ᶜ CORPS.

5 juillet.   Le 5 juillet, il est fait un grand fourrage général pour tout le 3ᵉ corps d'armée, sur Medzocane.

Cette opération, placée sous la direction du général Trochu, commandant la 2ᶜ division, doit être protégée par une brigade d'infanterie, six pièces d'artillerie sans caissons et une brigade de cavalerie.

Toutes les voitures du train auxiliaire disponibles dans les quatre divisions, plus six voitures d'artillerie par batterie, seront employées pour cette opération.

Le sous-intendant de la 2ᵉ division est chargé de régler les intérêts de l'armée et ceux des localités où le fourrage sera fait.

Les troupes partent à quatre heures du matin, après avoir mangé la soupe, et se portent sur la route de Valeggio à Quaderny.

Elles sont sans sacs et les chevaux sans charge.

Elles se composent de la 1re brigade de la 2e division, des 2e et 7e hussards et d'une batterie de la division.

L'opération s'effectue sans difficulté. Aucun parti ennemi ne vient la troubler.

A trois heures de l'après-midi, elle est terminée, et la colonne rentre aux bivouacs à cinq heures, avec un approvisionnement considérable de foin, de maïs et d'avoine.

Pour la livraison de ces denrées, les habitants ont reçu des bons réguliers, qui ont été payés ensuite par les soins du sous-intendant et des employés du Trésor.

Ce même jour (5 juillet), la division Bourbaki, qui avait été placée en avant de la 1re division, reçoit l'ordre d'aller établir ses bivouacs au nord de Valeggio, sur les hauteurs voisines.

La 1re brigade s'installe à Borozino, à gauche de la route de Peschiera, et la 2e à droite, sur les hauteurs en avant de Fornelli.

Cette dernière se relie ainsi avec les troupes du 2e corps, qui occupe Santa-Lucia.

6 juillet.

Le 6 juillet, la compagnie du génie de la 3e division et celle du quartier-général du 3e corps, sont envoyées à Peschiera, pour coopérer aux travaux du siége de cette place, commencé par les Piémontais, sous la direction du général Frossard.

Dans la même journée, tous les corps d'armée reçoivent l'ordre d'aller prendre, le lendemain matin, au point du jour, des positions de combat en avant de leurs bivouacs et cantonnements.

D'après différents renseignements recueillis sur des mouvements de troupes exécutés par l'ennemi, du côté de Vérone et du Haut-Adige, l'Empereur s'attend à une affaire générale.

L'ordre de l'Empereur porte qu'à trois heures du matin, le 3e corps se mettra en bataille dans la plaine de Valeggio, en appuyant sa droite à ce bourg, sa gauche vers les collines, près de Venturelli (petit village situé à 3 kil. nord-est de Valeggio).

La Garde, avec sa cavalerie, sera en réserve derrière ; la droite à Valeggio, la gauche vers Fornelli.

La division de cavalerie Desvaux se placera en arrière de la droite de la première ligne d'infanterie du 3e corps, et celle du général Partouneaux en arrière de la gauche.

L'ARMÉE PREND DES POSITIONS DE COMBAT EN PRÉVISION D'UNE ATTAQUE GÉNÉRALE. — POSITIONS DU 3e CORPS.

7 juillet.

Par suite de cet ordre, les troupes du 3e corps vont prendre leurs positions de combat à l'heure indiquée.

La 1re division (Renault) est formée en avant de

ses bivouacs, sur deux lignes ; la première déployée, la deuxième par bataillons en colonne double, vis-à-vis les intervalles de la première.

Les lignes sont séparées par un espace de 2 à 300 mètres.

Le 1er bataillon du 41e occupe la ferme de Foroni, située à 500 mètres en avant du centre de la première ligne, sur la route de Roverbella.

Cette ferme est mise en état de défense par le génie.

La 2e division (Trochu) est également formée sur deux lignes, en avant de ses bivouacs, entre la gauche de la 1re division et la ferme de Casa-Nova, située à 1,500 mètres de Valeggio, sur la route de Villafranca.

Elle a, en avant de son front, le hameau de Pozzi, qu'elle fait occuper par deux bataillons du 44e et mettre en état de défense.

La première ligne a ses bataillons alternativement déployés et formés en colonne double.

La deuxième ligne a ses bataillons formés en colonne double.

La 3e division (Bourbaki), formée de la même manière, couvre la position comprise entre la ferme de Casa-Nova et le village de Venturelli.

Les hommes ont laissé leurs sacs dans les bivouacs

et ont emporté dans leur musette toutes leurs cartouches et un jour de biscuit.

La division de cavalerie Desvaux prend position en
arrière de la droite de la 1re division, et la division
de cavalerie Partouneaux derrière la 3e division.

Les batteries divisionnaires sont réparties dans les
intervalles, et sur tous les points où leur tir est jugé
devoir être efficace.

Les batteries de réserve occupent une position cen-
trale, à une distance de 400 mètres environ en arrière
de la deuxième ligne de la 2e division.

L'ennemi n'ayant point paru de toute la matinée,
le corps d'armée reçoit l'ordre, vers midi, de rentrer
dans ses bivouacs.

Peu après, il apprend que le général Fleury, aide-
de-camp de l'Empereur, parti la veille au soir pour
Vérone, chargé de porter à l'empereur d'Autriche une
proposition d'armistice, vient de revenir avec une ac-
ceptation.

ARMISTICE ENTRE LES ARMÉES BELLIGÉRANTES.

8 juillet.

Dans la journée du lendemain (8 juillet), cet armistice est signé à Villafranca, entre les commissaires des
trois puissances belligérantes, qui sont, pour la France :
le maréchal Vaillant, major général, et le général de
division de Martimprey, aide-major général.

La durée de cet armistice est portée jusqu'au 15 août suivant.

9 juillet.

Par suite de la suspension des hostilités, la concentration des troupes sur le même point de Valeggio étant jugée inutile, les divisions du 3ᵉ corps reçoivent l'ordre de prendre des bivouacs plus espacés.

Le 9, à quatre heures du matin, les 1ʳᵉ et 2ᵉ divisions quittent leurs campements pour se rendre, la 1ʳᵉ à Goïto, la 2ᵉ à Cerlungo, en traversant le Mincio au pont de bateaux de Pozzolo, à Molino-della-Volta.

La division de cavalerie quitte également, à quatre heures du matin, ses bivouacs de Valeggio, franchit le Mincio sur un pont de bateaux jeté entre ce bourg et Pozzolo, et va coucher le même jour près de San-Martino-Cusnago, en passant par Volta, Cereta et Ceresara.

Le lendemain, elle établit ses bivouacs entre Asola et Canetta, sur la Chièse inférieure, à 8 lieues de Valeggio.

QUARTIER-GÉNÉRAL DU 3ᵉ CORPS A VOLTA.

10 juillet.

Le 10 juillet, le Maréchal commandant le 3ᵉ corps va établir son quartier-général à Volta, bourg de 4,200 habitants, à 6 kil. sud-ouest de Valeggio.

Un régiment de la 3ᵉ division (le 14ᵉ de ligne), est

détaché près du quartier-général, et bivouaque sur un petit plateau situé au nord du village.

La 3ᵉ division se rend le même jour de Valeggio à Pozzolo, et l'artillerie de réserve va s'établir à Goïto, en franchissant le Mincio au pont de bateaux de Molino-della-Volta.

Les troupes du 3ᵉ corps séjournent dans ces différents cantonnements pendant plusieurs jours.

LA PAIX EST SIGNÉE.

11 juillet.

Le 11 juillet, la paix est signée avec l'Autriche, et, le lendemain, l'Empereur quitte son quartier impérial de Valeggio pour retourner en France (1).

Tous les corps d'armée vont rétrograder.

14 juillet.

Le 14, le 3ᵉ corps reçoit les ordres de mouvement suivants :

La 1ʳᵉ division se rendra à Parme ;

(1) Dans un ordre du jour laissé à ses soldats, Sa Majesté disait : « Vous allez bientôt retourner en France ; la patrie reconnaissante accueil-
» lera avec transport ses soldats, qui ont porté si haut la gloire de nos
» armes, à Montebello, à Palestro, Turbigo, Magenta, Marignan et Sol-
» ferino ; qui, en deux mois, ont affranchi le Piémont et la Lombardie, et
» ne se sont arrêtés que parce que la lutte allait prendre des proportions
» qui n'étaient plus en rapport avec les intérêts que la France avait dans
» cette guerre formidable.
» Soyez donc fiers de vos succès, fiers des résultats obtenus, fiers sur-
» tout d'être les enfants bien-aimés de cette France qui sera toujours la
» grande nation, tant qu'elle aura un cœur pour comprendre les nobles
» causes et des hommes comme vous pour les défendre. »

La 2ᵉ à Casal-Maggiore, sur la rive gauche du Pô et sur la route de Mantoue à Parme ;

La 3ᵉ à Bozzolo et Piadena, sur la route de Mantoue à Crémone, de l'autre côté de l'Oglio (rive droite).

Mais l'ordre concernant la 1ʳᵉ division est modifié le 16, par suite de considérations politiques, et, au lieu d'aller à Parme, la 1ʳᵉ division ira s'établir à Sospiro (9 kil. à l'est de Crémone).

LA 1ʳᵉ DIVISION PART POUR SOSPIRO (9 KIL. DE CRÉMONE).

16 juillet.

Elle commence le mouvement, et suit l'itinéraire ci-après, en quittant Goïto le 16 au matin :

16 juillet, Castelluchio (12 kil.) ;

17 et 18 juillet, Marcaria (12 kil.), (séjour). La division répare le pont en bois de Marcaria, sur l'Oglio, pont que l'ennemi a rompu.

19 juillet, Solaro (13 kil.) ;

20 juillet, Sospiro (14 kil.).

LA 2ᵉ DIVISION SE REND A CASAL-MAGGIORE.

18 juillet.

La 2ᵉ division part de Cerlungo le 18 et arrive les :

18 juillet : à Gozzoldo (13 kil. et demi) ;

19 — à Bozzolo (17 kil.) ;

20 — à Casal-Maggiore (16 kil.).

LA 3e DIVISION PART POUR BOZZOLO ET PIADENA.

19 juillet.

La 3e division part de Pozzolo et Volta le 19, couche le même jour à Gozzoldo, et arrive le 20 à Bozzolo et Piadena.

De Volta, le quartier-général se rend à Marcaria, Casal-Maggiore et San-Giovanni-in-Croce.

Le quartier-général du 3e corps part de Volta le 19, arrive le même jour à Marcaria et y passe la journée du 20.

Le 21, il se rend à Casal-Maggiore, et, le 22, à San-Giovanni-in-Croce, petit village situé au centre des différents cantonnements du corps d'armée, et à l'embranchement des deux grandes routes de Crémone à Mantoue et de Parme à Brescia.

Départ de la division de cavalerie de Canneto pour Voghera.

La division de cavalerie Partouneaux, qui, de Valeggio, est allée s'établir à Canneto, en part le 19, pour se rendre à Voghera, en suivant l'itinéraire ci-après :

19	juillet :	Golferami (15 kil.) ;
20	—	Crémone (12 kil.) ;
21-22	—	Plaisance (séjour), (20 kil.) ;
23	—	San-Giovanni (22 kil.) ;
24	—	San-Giuletta (29 kil.) ;
25	—	Voghera (13 kil.).

DÉPART DE L'ARTILLERIE DES DEUX PREMIÈRES DIVISIONS ET DE CELLE DE LA RÉSERVE POUR PAVIE.

25 juillet.

Le 25, le général Courtois d'Hurbal, commandant

l'artillerie du 3e corps, reçoit l'ordre de réunir à Sospiro, dans la journée du 24, les batteries des 1re et 2e divisions, et celles de réserve, pour les conduire à Pavie, en suivant l'itinéraire ci-après :

25 juillet : Pizighittone (25 kil.) ;
26 — Casal-Pusterlungo (17 kil.) ;
27 — Corté-Olona (20 kil.) ;
28 — Pavie (18 kil.).

ORDRE POUR LA RENTRÉE EN FRANCE.

Le même jour (25 juillet), le major-général fait connaître que les 1re et 2e divisions vont rentrer en France par Gênes, et qu'elles seront transportées par le chemin de fer, de Marseille à Paris, où elles doivent arriver le 12 août.

Les 3es bataillons ne seront pas dirigés sur Paris.

La 3e division restera constituée à Bozzolo et Piadena, et y attendra des ordres pour une destination ultérieure.

Pour l'exécution de ces mouvements, les deux premières divisions sont dirigées sur Stradella, de la manière suivante :

La 1re division part le 24 juillet de Sospiro et de ses cantonnements voisins, et suit l'itinéraire ci-après :

24 juillet : Crémone (9 kil.) ;

25 juillet : Pizighittone (17 kil.) ;

26   —   Plaisance (20 kil.) ;

27   —   San-Giovanni (22 kil.) ;

28   —   Stradella (17 kil.), où elle remplace des troupes du 4e corps, qui est également dirigé sur Gênes pour y être embarqué.

La 2e division suit le même itinéraire, à un jour de distance.

DÉPART DU QUARTIER-GÉNÉRAL DE SAN-GIOVANNI-IN-CROCE POUR CRÉMONE, PLAISANCE ET STRADELLA.

25 juillet.   Le quartier-général du 3e corps part le 25 de San-Giovanni-in-Croce pour se rendre, le même jour, à Crémone, le 26 à Plaisance et le 27 à Stradella, où il reste jusqu'au 1er août, afin d'assister au départ pour Gênes des troupes des deux divisions d'infanterie.

DÉPART DE STRADELLA POUR GÊNES DE LA 1re DIVISION.

29 et 30 juillet.   Le 29 juillet, par ordre du major-général, 1,200 hommes (les deux premiers bataillons du 56e) et 25 chevaux de la 1re division, sont embarqués sur le chemin de fer de Stradella à Gênes par Tortone. Ils forment deux convois, dont l'un part à onze heures du matin et l'autre à quatre heures et demie du soir.

Le reste de la division, moins les 3es bataillons,

qui attendront à Stradella de nouveaux ordres, doit être dirigé sur Gênes par étapes et d'après l'itinéraire ci-après :

30 juillet : San-Giulletta (12 kil.);
31 — Voghera (13 kil.);
1er août : Tortone (17 kil.);
2-3 — Novi (séjour) 16 kil.;
4 — Ronco (28 kil.);
5 — San-Quirico (19 kil.);
6 — Gênes (13 kil.).

Les 3es bataillons, qui devaient rester à Stradella jusqu'à nouvel ordre, reçoivent contre-ordre le 30, quelques heures après le départ de la division, et sont mis immédiatement en route sous le commandement du lieutenant-colonel du 90e, pour rejoindre le même jour leurs régiments.

LA 2e DIVISION SE REND DE STRADELLA A GÊNES PAR LE CHEMIN DE FER.

30 juillet.

La 2e division commence son mouvement de départ le 30 juillet.

Elle doit être transportée tout entière à Gênes par le chemin de fer, et embarquer chaque jour sur cette voie 1,200 hommes et 25 chevaux, partant en deux convois, l'un à six heures vingt minutes du matin, le deuxième à onze heures cinq minutes.

Par suite de cette disposition, la 2e division est rendue en entier à Gênes le 6 août.

Au fur et à mesure que les troupes des 1re et 2e divisions arrivent dans cette ville, elles sont immédiatement embarquées par les soins de M. le général Herbillon, commandant supérieur de cette place.

—————

A Stradella, les ambulances et les services de l'administration sont dissous.

Les détachements du train divisionnaire reçoivent l'ordre de se rendre à Gênes par étapes, pour y rejoindre leurs compagnies.

Les compagnies du génie attachées aux divisions doivent suivre ces divisions jusqu'à Paris.

Celle de la réserve du quartier-général est dirigée sur Pavie, où doivent se réunir toutes les réserves du génie, sous les ordres du lieutenant-colonel Renoux.

Les batteries des 1re et 2e divisions, qui sont arrivées le 28 juillet à Pavie avec les batteries de réserve et le général Courtois d'Hurbal, reçoivent l'ordre de se réduire à douze voitures, pour être ensuite, sous la direction de cet officier général, dirigées sur Paris par la route de Pavie à Fenestrel et Grenoble.

Leurs autres voitures et les batteries de réserve du 3e corps resteront à Pavie jusqu'à nouvel ordre.

—————

Toutes les troupes du 3ᵉ corps, dirigées ainsi sur Paris, doivent faire partie de l'armée à la tête de laquelle l'Empereur fera, le 15 août, son entrée dans sa capitale.

La 3ᵉ division (Bourbaki), laissée à Bozzolo et Piadena, est désignée pour rester en Italie et faire partie du corps d'armée qui, sous le commandement du maréchal Vaillant, doit encore y séjourner.

Quant aux régiments de cavalerie de la division Partouneaux, ils reçoivent l'ordre de partir de Voghera, où ils se trouvent depuis le 25 juillet :

Le 2ᵉ hussards : le 3 août
Le 7ᵉ   —   le 5 —
Le 1ᵉʳ lanciers : le 7 —
Le 4ᵉ   —   le 9 —

Ils suivront tous, à deux jours de distance, le même itinéraire ci-après, pour rentrer en France par la Corniche :

Tortone.	Finale.
Novi.	Albenga.
Ronco.	Onéglia (séjour).
San-Quirico.	San-Remo.
Gênes (séjour).	Mentone.
Voltri.	Nizza (séjour).
Savone.	Cannes.

A Cannes, où ces régiments arriveront les 19, 21, 23 et 25 août, ils trouveront des ordres qui leur feront connaître les garnisons de France qu'ils auront à rejoindre.

DÉPART DU MARÉCHAL DE GÊNES POUR FRANCE.

2 août.

Le 2 août, le Maréchal Canrobert, arrivé à Gênes depuis quelques jours pour assister à l'arrivée de ses premières troupes, s'embarque avec les officiers de sa maison pour rentrer en France.

Son état-major général y reste jusqu'au 6 août, pour assurer l'exécution des derniers ordres relatifs au départ et à l'embarquement des deux premières divisions.

ITINÉRAIRES DES CORPS D'ARMÉE RENTRANT EN FRANCE.

Les 3ᵉ et 4ᵉ corps, moins les divisions désignées pour rester en Italie, sont ainsi embarqués à Gênes pour rentrer en France.

Les 1ᵉʳ et 2ᵉ corps, qui laissent également des divisions en Lombardie, et la Garde tout entière, sont dirigés sur Paris par Suze et le Mont-Cenis.

Toutes ces troupes, voyageant par les voies rapides, doivent être réunies au camp de Saint-Maur, le 12 août, pour faire leur entrée le 15 dans la capitale, ayant l'Empereur à leur tête.

Quant au 5ᵉ corps (Prince Napoléon), il est désigné pour rester en entier en Italie, et faire partie de l'armée qui doit encore occuper la Lombardie, sous les ordres du Maréchal Vaillant.

PIÈCES JUSTIFICATIVES.

Composition et répartition des armées belligérantes.

ARMÉE FRANÇAISE.

Commandant en chef : l'Empereur Napoléon III (commandant en chef les forces alliées).

Major général : maréchal Vaillant.

Aide-major général : de Martimprey, général de division.

Sous-aide-major général : Baret de Rouvray, général de brigade.

Commandant du grand quartier général : Rose, général de brigade.

Commandant de l'artillerie : Lebœuf, général de division.

Commandant du génie : Frossard, général de division.

Intendant général : Paris de Bollardière, intendant général.

Grand prévôt : Damiguet de Vernon, colonel de gendarmerie.

Vaguemestre général : Dalché de la Rive de Desplanels, lieutenant-colonel de gendarmerie.

Commandant militaire à Gênes : Herbillon, général de division.

Garde Impériale.

Commandant : Regnault de Saint-Jean-d'Angély, général de division.

Chef d'état-majour : Raoult, colonel.

Commandant de l'artillerie : de Sévelinges, général.

1re DIVISION D'INFANTERIE.

Commandant : Mellinet, général de division.

Chef d'état-major : de Tanlay, colonel.

1re *brigade* (général Cler) : régiment de zouaves, 1er régiment de grenadiers.

2e *brigade* (général Wimpffen) : 2e et 3e régiments de grenadiers.

2e DIVISION D'INFANTERIE.

Commandant : Camou, général de division.

Chef d'état-major : Besson, colonel.

1re *brigade* (général Manèque) : bataillon de chasseurs, 1er et 2e régiments de voltigeurs.

2e *brigade* (général Decaen) : 3e et 4e régiments de voltigeurs.

DIVISION DE CAVALERIE.

Commandant : Morris, général de division.

Chef d'état-major général : Pajol, colonel.

1re *brigade* (général Marion) : 1er et 2e régiments de cuirassiers.

2° *brigade* (général de Champéron) : dragons et lanciers.

3e *brigade* (général de Cassaignolles) : régiments de chasseurs et de guides.

Artillerie : 4 batteries à cheval, 2 mixtes.

Génie : les 2 compagnies.

Equipages : 1re et 2e compagnies.

Premier Corps.

Commandant : maréchal Baraguey-d'Hilliers.

Chef d'état-major général : Foltz, général de brigade.

Commandant de l'artillerie : Forgeot, général de brigade.

Commandant du génie : Bouteilloux, général de brigade.

1re DIVISION D'INFANTERIE.

Commandant : Forey, général de division.

Chef d'état-major : d'Auvergne, lieutenant-colonel.

1re *brigade* (général Beuret) : 17e bataillon de chasseurs, 74e et 84e régiments de ligne.

2e *brigade* (général Blanchard) : 91e et 98e régiments de ligne.

Artillerie : 6e batterie du 8e régiment; 14e batterie du 10e régiment.

Génie : 3e compagnie du 2e bataillon du 2e régiment du génie.

Train des équipages : 2e compagnie du 1er escadron.

2e DIVISION D'INFANTERIE.

Commandant : de Ladmirault, général de division.

Chef d'état-major : Hecquart, lieutenant-colonel.

1re *brigade* (général Niol) : 10e bataillon de chasseurs; 15e et 21e régiments de ligne.

2e *brigade* (général de Négrier) : 61e et 100e régiments de ligne.

Artillerie : 15e batterie du 10e régiment; 7e batterie du 11e régiment.

Génie : 5e compagnie du 1er bataillon du 1er régiment du génie.

Train des équipages : 1re compagnie du 5e escadron.

3e DIVISION D'INFANTERIE.

Commandant : Bazaine, général de division.

Chef d'état-major : Letellier Valazé, lieutenant-colonel.

1re *brigade* (général Goze) : 1er régiment de zouaves; 33e et 54e régiments de ligne.

2e *brigade* (général Dumont): 37e et 75e régiments de ligne.

Artillerie : 12e batterie du 12e régiment; 9e batterie du 13e régiment.

Génie : 6e compagnie du 2e bataillon du 1er régiment du génie.

Train des équipages : 2e compagnie du 3e escadron.

DIVISION DE CAVALERIE.

Commandant : Desvaux, général de division.

Chef d'état-major : Dupin, lieutenant-colonel.

1re *brigade* (général Genestet de Planhol) : 5e régiment de hussards; 1ee régiment de chasseurs d'Afrique.

2e *brigade* (général de Forton) : 2e et 5e régiments de chasseurs d'Afrique.

Réserve d'artillerie : 8e batterie du 16e régiment; 11e batterie du 8e régiment; 8e batterie du 9e régiment; 17e batterie principale du 5e régiment.

Deuxième Corps.

Commandant : de Mac-Mahon, général de division.

Chef d'état-major général : Lebrun, général.

Commandant de l'artillerie : Auger, général de brigade.

Commandant du génie : Lebaron, colonel.

1re DIVISION D'INFANTERIE.

Commandant : de la Motterouge, général de division.

Chef d'état-major : de Lavaucoupet, colonel.

1re *brigade* (général Lefèvre : régiment de tirailleurs algériens; 45e et 65e de ligne.

2e *brigade* (général Polhes) : 70e et 71e de ligne.

Artillerie : 12e batterie du 7e régiment; 11e batterie du 11e régiment.

Génie : 4e compagnie du 2e bataillon du 2e régiment du génie.

Train des équipages : 2e compagnie du 5e escadron.

2e DIVISION D'INFANTERIE.

Commandant : Espinasse, général de division.

Chef d'état-major : Poulle, colonel.

1re *brigade* (général Gault) : 11e bataillon de chasseurs ; 2e régiment de zouaves ; 72e régiment de ligne.

2e *brigade* (général de Castagny) : 1er et 2e régiments étrangers.

Artillerie : 2e batterie du 9e régiment ; 13e batterie du 13e régiment.

Génie : 2e compagnie du 2e bataillon du 1er régiment.

BRIGADE DE CAVALERIE.

Général Gaudin de Villaine : 7e et 4e régiments de chasseurs.

Réserve d'artillerie : 11e batterie du 10e régiment ; 14e batterie du 11e régiment ; 5e et 6e batteries du 14e régiment ; 16e batterie principale du 2e régiment.

Troisième Corps.

Composé ainsi qu'on l'a vu au commencement de ce livre.

Quatrième Corps.

Commandant : Niel, général de division.

Chef d'état-major général : Espivent de la Villeboisnet, colonel.

Commandant de l'artillerie : Soleille, général de brigade.

Commandant du génie : Jourjon, colonel.

1re DIVISION D'INFANTERIE.

Commandant : Vinoy, général de division.

Chef d'état-major : Osmont, colonel.

1re *brigade* (général de Martimprey) : 6e bataillon de chasseurs ; 52e et 73e régiments de ligne.

2e *brigade* (général de La Charrière) : 85e et 86e régiments de ligne.

Artillerie : 12e batterie du 8e régiment ; 9e batterie du 9e régiment.

Génie : 7e compagnie du 2e bataillon du 3e régiment.

2e DIVISION D'INFANTERIE.

Commandant : de Failly, général de division.

Chef d'état-major : de Rosières, colonel.

1re *brigade* (général O'Farrell) : 15e bataillon de chasseurs ; 2e et 53e régiments de ligne.

2e *brigade* (général Saurin) : 56e et 75e régiments de ligne.

Artillerie : 7e batterie du 10e régiment ; 12e batterie du 13e régiment.

Génie : 3e compagnie du 2e bataillon du 3e régiment.

3e DIVISION D'INFANTERIE.

Commandant : de Luzy de Pélissac, général de division.

Chef d'état-major : Pissis, colonel.

1re *brigade* (général Douay) : 5e bataillon de chasseurs ; 50e et 49e régiments de ligne.

2e *brigade* (général Lenoble) : 6e et 8e régiments de ligne.

Artillerie : 13e batterie du 12e régiment ; 7e batterie du 13e régiment.

Génie : 3e compagnie du 1er bataillon du 1er régiment.

BRIGADE DE CAVALERIE.

Général Richepanse : 2e et 10e régiments de chasseurs.

Réserve d'artillerie : 15e batterie du 12e régiment ; 10e batterie du 13e régiment ; 2e batterie du 15e régiment ; 5e batterie du 15e régiment ; 18e batterie principale du 3e régiment.

Cinquième Corps.

Commandant : le Prince Napoléon.

Chef d'état-major général : de Beaufort d'Hautpoul, général de brigade.

Commandant de l'artillerie : Fiereck, général de brigade.

Chef d'état-major : colonel de Vercly.

Commandant du génie : Coffinières, général de brigade.

1re DIVISION D'INFANTERIE.

Commandant : d'Autemarre, général de division.

Chef d'état-major : Desusleau de Malroy, lieutenant-colonel.

1re *brigade* (général Neigre) : 3e régiment de zouaves; 75e et 89e régiments de ligne.

2e *brigade* (général Corréard) : 93e et 99e régiments de ligne.

Artillerie (commandant Saunier) : 13e batterie du 7e régiment; 13e batterie du 8e régiment.

Génie : 2e compagnie du 1er bataillon du 2e régiment.

2e DIVISION D'INFANTERIE.

Commandant : Ulrich, général de division.

Chef d'état-major : Regnard, colonel.

1re *brigade* (général Grandchamp) : 14e bataillon de chasseurs; 18e et 26e régiments de ligne.

2e *brigade* (général Cauvin du Bourguet) : 80e et 82e régiments de ligne.

Artillerie (commandant Ganivet) : 5e et 6e batteries du 5e régiment.

Génie : 5e compagnie du 1er bataillon du 5e régiment.

BRIGADE DE CAVALERIE.

Général de Lapeyrouse : 6e et 8e régiments de hussards.

Réserve d'artillerie (colonel Princeteau) : 4e batterie du 14e régiment; 15e batterie du 11e régiment; 15e batterie du 13e régiment; 1re batterie du 14e régiment; 5e batterie du 17e régiment.

Parc d'artillerie (lieutenant-colonel Ferri-Pisani) : 13ᵉ batterie principale du 3ᵉ régiment; 18ᵉ batterie principale du 4ᵉ régiment.

ARMÉE SARDE.

Commandant en chef : le Roi.

Ad latus : général La Marmora.

Chef d'état-major : lieutenant-général della Rocca.

Sous-chefs d'état-major : colonel Rhigini et lieutenant-colonel Govone.

Commandant de l'artillerie : général-major Pastore.

Commandant du génie : général Ménabrée.

1ʳᵉ DIVISION.

Commandant : lieutenant-général de Castelborgo (1); chef d'état-major : major Borson.

1ʳᵉ *brigade* (major-général Scozia di Calliono) : 1ᵉʳ et 2ᵉ régiments de grenadiers de Sardaigne.

2ᵉ *brigade* (major-général Perrier) : 1ᵉʳ et 2ᵉ régiments de Savoie.

Bersagliers : 3ᵉ et 4ᵉ bataillons.

Artillerie : batteries de campagne nᵒˢ 10, 11, 12.

2ᵉ DIVISION.

Commandant : lieutenant-général Fanti; chef d'état-major : colonel Avogadro di Casanova.

1ʳᵉ *brigade* (major-général Mollard) (2) : 3ᵉ et 4ᵉ régiments Piémont.

---

(1) Après la bataille de Magenta, ce général, avec son chef d'état-major, passa au commandement de la place de Milan. Il fut remplacé à la 1ʳᵉ division par le général Durando, avec le lieutenant-colonel Porrino pour chef d'état-major.

(2) Passé plus tard au commandement de la 3ᵉ division, en remplacement du général Durando, passé à la 1ʳᵉ.

2e *brigade* (major-général Cerale) : 5e et 6e régiments Aoste.

Bersagliers : 1er et 9e bataillons.

Cavalerie : 1er et 2e chevau-légers ; Novare et Aoste.

Artillerie : batteries n°s 13, 14, 15.

3e DIVISION.

Commandant : général Durando (remplacé par Mollard) ; chef d'état-major : lieutenant-colonel Ricotti Magnani.

1re *brigade* (major-général Arnaldi) : 7e et 8e régiments Cuneo.

2e *brigade* (major-général Morozzo della Rocca) : 13e et 14e régiments Pinerolo.

Bersagliers : 2e et 10e bataillons.

Cavalerie : deux escadrons Alexandrie.

Artillerie : batteries n°s 4 et 9.

4e DIVISION.

Commandant : général Cialdini ; chef d'état-major : lieutenant-colonel Cugia.

1re *brigade* (major-général Villamarina) : 9e et 10e régiments Reine.

2e *brigade* (major-général Broglia di Montbello) : 15e et 16e régiments Savone.

Bersagliers : 6e et 7e bataillons.

Cavalerie : régiment Montferrat.

Artillerie : batteries n°s 7 et 8.

5e DIVISION.

Commandant : lieutenant-général Cucchiari ; chef d'état-major : lieutenant-colonel Cadorna.

1re *brigade* (major-général di Pettinengo) : 11e et 12e régiments Casale.

2e *brigade* (major-général de Treville) : 17e et 18e régiments Acqui.

Bersagliers : 5ᵉ et 8ᵉ bataillons.
Cavalerie : Saluces et 1|2 Alexandrie.
Artillerie : batteries nᵒˢ 16, 17, 18.

DIVISION DE CAVALERIE.

Commandant : lieutenant-général de Sambuy (remplacé plus tard par de Sonnaz); chef d'état-major : capitaine Gervaix de Sonnaz.
Régiments : Nice, Piémont-Royal, Savoie, Gênes.
Batteries à cheval nᵒˢ 1 et 2.

ARMÉE AUTRICHIENNE

A L'ÉPOQUE OU ELLE FUT COMMANDÉE PAR L'EMPEREUR.

Commandant en chef : l'empereur François-Joseph.
Chef d'état-major : feld-maréchal-lieutenant Hess.
Sous-chef d'état-major : colonel Kühn (?).
Commandant de la cavalerie : X...
Commandant de l'artillerie : X...
Commandant du génie : X...

Iᵉʳ CORPS, F.-M.-L. Clam-Gallas.

Division F.-M.-L. Stankowics (précédemment Cordon).
Brigade G.-M. Hoditz. Régiment-archiduc Ernest infanterie nᵒ 48 ; bataillon de chasseurs nᵒ 14.
Brigade G.-M. Reniczek. Régiment italien Wernhardt-infanterie nᵒ 16 ; 2ᵉ bataillon du Banat.
Division F.-M.-L. Montenuovo.
Brigade G.-M. Pastori. Régiment-Wasa nᵒ 5 ; bataillon de chasseurs nᵒ 2.
Brigade G.-M. Brunner. Régiment Thun nᵒ 29 ; 1ᵉʳ bataillon du Banat.
2 escadrons des hussards Haller nᵒ 12.

IIme CORPS, F.-M.-L. prince Edouard de Liechtenstein.

Division F.-M.-L. Jellachich.

Brigade G.-M. Szabo. Régiment archiduc Guillaume n° 12 ; bataillon de chasseurs n° 7.

Brigade G.-M. Wachter (précédemment Kudelka). Régiment prince Alexandre de Hesse n° 40 ; bataillon de chasseurs n° 21.

Division F.-M.-L. Herdy.

Brigade G.-M. Kintzl. Régiment italien Sigismond n° 45.

Brigade G.-M. Baltin. Régiment Hartmann n° 9 ; bataillon de chasseurs n° 10.

Régiment de hussards n° 12, 4 escadrons.

IIIme CORPS, F.-M.-L. prince de Schwarzenberg.

Division F.-M.-L. Schonberger (précédemment Handl).

Brigade G.-M. Polhorny (précédemment Ramming). Régiment archiduc Etienne n° 58 ; bataillon de chasseurs n° 15.

Brigade G.-M. Dienstl (précédemment Dürfeld). Régiment roi des Belges n° 27 ; bataillon de chasseurs n° 13.

Division F.-M.-L. Martini (précédemment Ruckstuhl).

Brigade G.-M. Wetzlar. Régiment Lichtenstein n° 5 ; 1 bataillon de frontières Ottocans.

Brigade G.-M. Hartung. Régiment Hesse n° 14, bataillon de chasseurs n° 23.

Régiment hussards Prusse n° 10.

IVme CORPS, F.-M.-L. archiduc Charles-Ferdinand.

(Ce corps, formé de détachements d'autres corps et entr'autres du 6e, resta dans le Tyrol, à l'exception d'une brigade qui prit part à la bataille de Solferino.)

Vme CORPS, F.-M. L. comte de Stadion.

Division F.-M.-L. Sternberg.

Brigade G.-M. Koller. Régiment Ferdinand Este n° 32 ; 1 bataillon frontières Ogulins.

Brigade G.-M. Festeliez. Régiment Reischach n° 21 ; bataillon de chasseurs n° 6.

Division F.-M.-L. Palffy (précédemment Paumgarten).

Brigade G.-M. Gaal. Régiment archiduc Ch.-L. n° 3 ; 1 bataillon de frontières Liccans.

Brigade G.-M. Bils. Régiment Kinsky n° 47 ; 2e bataillon frontières Ogulins.

Brigade G.-M. Puchner (précédemment Dormus). Régiments Culoz n° 31 ; 4e bataillon de chasseurs de l'empereur.

4 escadrons uhlans Sicile.

VIIme CORPS, F.-M.-L. baron Zobel.

Division F.-M.-L. prince de Hesse (précédemment Reischach.

Brigade G.-M. Vüssin (précédemment Lebzeltern). Régiment Empereur n° 1.

Brigade G.-M. Gablentz. Régiment Gruber n° 54 ; 3e bataillon de chasseurs de l'Empereur.

Division F.-M.-L. Lilia.

Brigade G.-M. Wiegl. Régiment archiduc Léopold n° 53.

Brigade Dorndorf (plus tard Wallon). Régiment Wimpffen n° 22 ; 1 bataillon frontières Ottocans.

4 escadrons des hussards Empereur.

VIIIme CORPS, F.-M.-L. comte Benedeck.

Division F.-M.-L. Lang.

Brigade G.-M. Lippert. Régiment archiduc Reynier n° 59 ; bataillon de chasseurs n° 9.

Brigade G.-M. Tauber (précédemment Boer). Régiment von Wiegl ; bataillon de chasseurs n° 3.

Brigade G.-M. Philippovich. Régiment Hohenlœ n° 17 ; 5e bataillon des chasseurs de l'Empereur.

Division F.-M.-L. Berger.

Brigade G.-M. Waterwliet. Régiment Prohaska n° 7 ; 2e bataillon de chasseurs de l'Empereur.

Brigade G.-M. Roden. Régiment prince de Saxe n° 11 ;
2ᵉ bataillon frontières Szluines.

Brigade G.-M. Reichlin (détachée du 6ᵉ corps). Les quatre
bataillons Hartmann n° 9, Constantin n° 18, roi des
Belges n° 27 et le 24ᵉ bataillon des chasseurs.

4 escadrons du régiment des hussards Empereur.

IXᵐᵉ CORPS, F.-Z.-M. comte Schafgottsche.

Division F.-M.-L.

Brigade G.-M. Castiglione. Régiment Rodolphe n° 19 ;
2ᵉ bataillon frontières Gradiscains.

Brigade G.-M. Augustin. Régiment prince de Prusse n° 34 ;
bataillon de chasseurs n° 16.

Division F.-M.-L. de Crenneville.

Brigade G.-M. Blumerkron. Régiment archiduc François-
Charles n° 52 ; bataillon de chasseurs n° 4.

Brigade G.-M. Fehlmayer. Régiment archiduc Louis-
Joseph n° 8 ; bataillon frontières Titler.

4 escadrons des uhlans Sicile n° 12.

XIᵐᵉ CORPS, F.-M.-L. von Wiegl.

Division F.-M.-L. Blomberg.

Brigade G.-M. Dobrzenski. Régiment roi de Hanovre
n° 42 ; bataillon de chasseurs n° (?)

Brigade G.-M. Host. Régiment grand-duc de Mecklen-
bourg n° 57 ; 2ᵉ bataillon frontières Peterwardein.

Brigade G.-M. Baltin. Régiment Hartmann n° 9 ; 2ᵉ bataillon frontières Gradiscains (?).

Division F.-M.-L. Schwarzel.

Brigade G.-M. Sebottendorf. Régiment archiduc Joseph
n° 57 ; bataillon de chasseurs n° 10.

Brigade G.-M. Greschke. Régiment Khevenhüller n° 55 ;
2ᵉ bataillon volontaires viennois.

4 escadrons uhlans de l'Empereur.

CORPS DE CAVALERIE DE RÉSERVE.

DIVISION F.-M.-L. Sedwitz.

Brigade G.-M. Vopaterny. Régiment hussards Bavière n° 3 et prince de Wurtemberg n° 11.

Brigade G.-M. Lauingen. Régiment dragons Empereur n° 3 et Stadion n° 1.

DIVISION F.-M.-L. Mensdorff.

Brigade G.-M. Zichy. Régiment uhlans Civallart n° 1 et Empereur n° 4.

Brigade G.-M. prince de Holstein. Régiment dragons Savoie n° 5 et Horvath n° 6.

BATAILLE DE MAGENTA.

Rapport du Maréchal Canrobert, commandant en chef le 3e corps.

Le Maréchal commandant le 3e corps partit de Novare le 4 juin ; dès qu'il a eu passé le pont du Tessin (cinq heures du soir), et pris les ordres de l'Empereur, il s'est porté rapidement sur le lieu du combat, où la brigade Picard, de la division Renault, arrivée à quatre heures du soir (1), s'était placée à la droite des grenadiers de la Garde, qui avaient

(1) Cet officier général affirme être arrivé à deux heures au pont de San-Martino, ce qui semble devoir être exact, puisque sa brigade est partie de Novare à neuf heures du matin, tandis que le reste du 3e corps n'en est parti qu'à une heure de l'après-midi.

Voir, pour la différence des heures, la note de la page 140.

enlevé avec tant de vaillance des positions vraiment formidables.

A l'arrivée du Maréchal, la brigade Picard, aidée de quelques bataillons de la division Vinoy, avait déjà pris et repris plusieurs fois le village de Ponte-di-Magenta; mais la disposition du terrain qui s'étend entre ce village et la jetée du chemin de fer présente un contre-fort très-rapproché de cette jetée, la dominant, et dont l'occupation était de ce côté une sorte de clef de position.

Le Maréchal le fait occuper par plusieurs compagnies que placent M. le général Courtois d'Hurbal et M. le capitaine de Molènes, un de ses officiers d'ordonnance; puis il prolonge sa marche jusqu'au village même de Ponte-di-Magenta, qui, après avoir été pris et repris trois fois, avait encore à être défendu une quatrième contre le retour des Autrichiens.

Le général Picard, le colonel Bellecourt, du 85e, et beaucoup d'officiers, qui donnent aux troupes l'exemple de l'entrain et de la ténacité dans l'entrain, le font reprendre de nouveau.

L'ennemi sentait l'importance de ce point, qui, s'il fût resté en son pouvoir, le menait sur le flanc même de notre ligne de communication avec le pont du Tessin. Cette circonstance explique sa ténacité dans les attaques successives et l'irrésistible entrain des nôtres dans les retours offensifs pour reprendre la position.

La brigade Jannin, ayant à sa tête le général Renault, avait enfin pu déboucher et se porter rapidement sur la ligne autrichienne, s'appuyant à Ponte-di-Magenta, dans la portion de ce village placée sur la rive gauche du canal Naviglio. Prise et reprise plusieurs fois, cette portion du village, isolée par le pont du Naviglio, que l'ennemi avait fait sauter, reste en possession du général Renault, qui s'y établit définitivement.

La division Trochu, qui n'apparaît sur le théâtre de la lutte que vers huit heures du soir, avec sa première brigade, s'établit dans le village de Ponte-di-Magenta et corrobore notre succès par une occupation des plus solides.

De grands éloges doivent être donnés à la troupe, qui, malgré sa faiblesse numérique, les fatigues d'une marche pénible, a constamment suivi l'exemple de ses chefs à tous les degrés de la hiérarchie, et chargé chaque fois énergiquement l'ennemi à la baïonnette.

Le succès a été glorieux, mais chèrement acheté : plus de 1,100 hommes ont été frappés. Parmi les officiers tués, j'ai la douleur de citer M. le colonel de Senneville, mon chef d'état-major général, officier supérieur accompli ; le colonel Charlier, du 90ᵉ, tué à la tête de ses soldats ; le capitaine d'état-major Baligand, excellent officier, aide-de-camp de M. le général Jannin. Parmi les blessés, se trouvent l'intendant Mallarmé, le colonel Auzouy, du 23ᵉ de ligne, le colonel d'état-major de Cornély, mon premier aide-de-camp, contusionné par la chute d'un cheval tué sous lui ; le capitaine d'état-major Armand, l'un de mes aides-de-camp, blessé légèrement d'une balle au menton ; le sous-lieutenant de Lostanges, atteint d'un léger coup de sabre à la tête.

Nous avons pris à l'ennemi plusieurs centaines de prisonniers, qui ont été immédiatement dirigés sur San-Martino.

Tout porte à croire qu'en face de nous la perte de l'ennemi a été au moins triple de la nôtre.

M. le comte de Vimercati, officier piémontais, mis à ma disposition par l'Empereur, m'a été très-utile.

Le Maréchal de France commandant en chef
le 3ᵉ corps,

Canrobert.

Rapport du commandant de la 2e armée, feldzeugmestre comte Giulay, à l'empereur d'Autriche, sur la bataille de Magenta.

Sire,

Je m'empresse de transmettre, avec le plus profond respect, à Votre Majesté, par le colonel Weiszirmmel, de l'état-major général, un rapport sommaire sur la bataille de Magenta, et je le ferai suivre d'une description détaillée de cet événement glorieux pour les armes de Votre Majesté, bien que le succès n'ait pas couronné nos efforts.

Le 4 juin, à sept heures du matin, le lieutenant-feld-maréchal comte de Clam me fit savoir qu'avec environ 7,000 hommes de son corps et le 2e corps il occupait la position de Magenta, et que de fortes masses ennemies s'avançaient vers cette tête de pont, que le même lieutenant feld-maréchal avait abandonnée peu de jours auparavant, comme ne pouvant pas être défendue.

A l'heure où je reçus cet avis (huit heures un quart du matin), il y avait du 7e corps la division Reischach à Corbetto, le lieutenant feld-maréchal Lillia à Castelletto, le 3e corps à Abbiate-Grasso, le 5e également en marche pour se rendre à Abbiate-Grasso, le 8e corps en marche de Binasco à Bestazzo, le 9e corps aux abords du Pô, au-dessous de Pavie. Je transmis aux corps l'ordre de se porter de suite encore plus en avant, et je dirigeai le 3e et le 5e corps d'armée sur le flanc droit de l'ennemi, en cas que l'ennemi dût réellement tenter une attaque en partant de San-Martino. Il était déjà venu à ma connaissance, le jour précédent, que l'ennemi avait passé le Tessin à Turbigo.

C'était de ce côté que j'attendais son attaque principale.

Auparavant déjà, la division Cordon, du 1ᵉʳ corps, avait été envoyée à Turbigo : cependant, elle avait dû s'en retirer en partie ; et, plus tard, lorsque Buffalora fut perdu, elle dut également se retirer de là, parce que l'ennemi l'attaquait dans cette dernière position.

J'ordonnai au lieutenant feld-maréchal comte Clam de défendre Magenta, et je fis hâter à tous les corps leur marche en avant.

A midi, l'ennemi commença l'attaque. Disposant de forces supérieures, il parvint à prendre la digue du Naviglio et Ponte-di-Magenta. Il fit à cette occasion des pertes énormes ; cependant, les digues et le terrain coupé lui permirent de s'établir dans cette position vers deux heures. A cette heure-là, je m'étais rendu à Magenta avec mon état-major, et je prenais mes dispositions.

Au moment où la première ligne commençait à céder, la division du lieutenant feld-maréchal baron Reischach reçut l'ordre de reprendre à l'ennemi Ponte-di-Magenta. Je me rendis à cheval à Rebecco pour indiquer au 3ᵉ corps d'armée la direction du flanc droit de l'ennemi. Peu de temps après mon arrivée en cet endroit, on m'annonçait la reprise héroïque de Ponte-di-Magenta et la prise d'un canon rayé.

Sûres de la victoire, les colonnes du 3ᵉ corps se portèrent alors en avant, le général-major Ramming sur la rive orientale du Naviglio, la brigade Hartung entre le canal et Carpegnago, la brigade Dürfeld derrière les deux comme réserve.

Lorsque ces brigades s'avancèrent pour l'attaque, la division du lieutenant feld-maréchal Reischach était aussi rejetée en arrière, bien que cette division, notamment la brigade du général-major Lebzeltern, qui précédait héroïquement le régiment d'infanterie *Empereur* dans une attaque contre Buffalora, ait repoussé vaillamment plusieurs assauts.

L'ennemi faisait constamment avancer en ligne des troupes fraîches; l'apparition du 3e corps sur le flanc de l'armée alliée fit au commencement un très-bon effet. La brigade du général-major Hartung, appuyée par le général-major Dürfeld, s'élança plusieurs fois contre Ponte-Vecchio-di-Magenta; ce point fut pris, perdu, puis repris, et enfin il resta au pouvoir de l'ennemi. Des monceaux de cadavres témoignent de l'opiniâtreté dont on a fait preuve de part et d'autre dans cette lutte.

La brigade général-major Ramming, après plusieurs attaques du brave régiment *Roi des Belges* contre Rebecco, dut aussi se retirer et s'arrêta devant cette localité. Vers le soir, le 5e corps arriva sur le champ de bataille; la brigade prince de Hesse essaya en vain, bien que combattant avec une rare bravoure, de repousser l'ennemi, qui s'avançait vers Magenta. Magenta, qui était encore tenu par les troupes épuisées du lieutenant feld-maréchal comte Clam et du lieutenant feld-maréchal prince Liechtenstein, dut enfin être évacué devant les attaques d'un ennemi supérieur en nombre qui arrivait aussi du côté du nord. La division du lieutenant feld-maréchal Lilia reçut alors l'ordre de se porter sur Corbetto, et d'occuper, comme réserve, ce point, par où devait s'effectuer la retraite.

Le soir étant venu, je fis aussi occuper fortement Rebecco tout préparer pour attaquer de nouveau le matin du 5. Les énormes pertes de l'ennemi permettaient aussi d'espérer qu'on le trouverait ébranlé, et la bravoure que nos troupes avaient montrée dans toutes les attaques permettait d'espérer que leur choc aurait culbuté l'ennemi.

Nous avions fait des prisonniers de presque tous les régiments de l'armée française; il semblait, en conséquence, qu'elle eût engagé ses dernières réserves, tandis que, de notre côté, nous avions encore le 5e et le 8e corps d'armée et une division du 3e qui n'avaient pas combattu;

ces troupes pouvaient, arrivant toutes fraîches, peser d'un grand poids dans la balance. J'avais bien calculé tout cela, et je n'attendais plus, tout en achevant de prendre mes dispositions pour l'attaque, que d'avoir reçu l'avis que les troupes occupaient leurs positions, et le chiffre des pertes qu'elles avaient faites.

C'est à ce moment solennel que j'appris que les troupes du 1er et du 2e corps d'armée, qui avaient le plus souffert du premier choc de l'ennemi, s'étaient déjà portées en arrière, et qu'elles ne pourraient arriver sur le champ de bataille qu'en faisant une marche de nuit très fatigante. Ces troupes s'étaient déjà remises en route dès trois heures du matin, de sorte qu'à l'heure où il m'eût été possible de les envoyer de nouveau en avant, elles opéraient déjà leur marche en arrière. Dans de telles circonstances, je dus chercher à maintenir intacts, pour couvrir les autres, les corps qui se trouvaient encore prêts à combattre; il me fallut ordonner la retraite.

Le 5, de bonne heure, le brave régiment d'infanterie Grand-Duc de Hesse attaqua encore une fois Ponte-di-Magenta, pour faciliter le mouvement de retraite. Ce fut, dit le lieutenant-feld-maréchal prince Schwarzenberg dans son rapport, le dernier effort d'un brave régiment qui, le jour précédent, avait eu 25 officiers blessés, avait perdu 1 officier d'état-major et 9 capitaines, sans jamais une seule fois hésiter à l'attaque ni plier dans la retraite.

L'ennemi fut laissé à Magenta, puis la retraite fut ordonnée. Je crois pouvoir dire en toute assurance que l'ennemi, malgré ses forces supérieures, a payé cher la possession de Magenta, et qu'il rendra à l'armée de Votre Majesté cette justice que ce n'est pas sans avoir soutenu une lutte héroïque qu'elle a cédé à une armée vaillante et supérieure en nombre.

Je ne suis pas en mesure de donner de plus grands détails

sur le combat, attendu que, dans les conditions actuelles, je ne pourrais exiger de recevoir en temps utile les rapports des troupes. Je crois n'être pas loin de la vérité en fixant à 4 ou 5,000 le chiffre de nos morts et de nos blessés, et l'ennemi en a certainement perdu moitié plus. Parmi les blessés se trouvent le lieutenant feld-maréchal Reischach, blessé d'un coup de feu à la hanche, et les généraux Leb-zeltern et Dürfeld, blessés tous deux au bras. Je ne man-querai pas, dès que j'aurai reçu les rapports des chefs de corps, d'envoyer à Votre Majesté une relation plus détail-lée, et de lui donner les noms de ceux qui se sont particu-lièrement distingués.

Quartier général de Belgiojoso, le 6 juin 1859.

Feldzeugmestre GIULAY.

BATAILLE DE SOLFERINO.

Rapport du Maréchal Canrobert, commandant en chef le 3ᵉ corps (1).

Bivac de Rebecco, le 25 juin 1859.

Sire,

En rendant compte à Votre Majesté, dès hier au soir, des opérations auxquelles le 3ᵉ corps a pris part dans la journée du 24 juin courant, je n'ai pu fournir à l'Empereur que des indications sommaires, en l'absence de renseigne-

(1) Nous avons expliqué dans une note, page 140, la cause des différences qu'on remarque entre les heures données par le Maréchal Canrobert et celles données par ses généraux divisionnaires.

ments transmis par les généraux commandant les divisions : les rapports que je reçois aujourd'hui me permettent d'entrer dans des détails plus précis.

Parti de Mezzano le 24 juin, à deux heures et demie du matin, en me dirigeant sur Medole, conformément aux ordres de l'Empereur, j'ai effectué le passage de la Chiese à Visano, sur un pont jeté pendant la nuit par le génie piémontais. J'avais prescrit, la veille au soir, à la brigade Jannin, de la division Renault, de se porter sur ce point pour protéger l'opération.

A sept heures, ma tête de colonne arrivait à Castel-Goffredo, et les renseignements recueillis par mon avant-garde m'apprenaient que la cavalerie ennemie était encore dans cette petite ville, ancienne place ceinte d'une muraille et munie de portes qui avaient été barricadées. Le général Jannin, à la tête d'un bataillon du 56e, reçut l'ordre de tourner la position et de se diriger au sud de la ville pour y pénétrer par la porte de Mantoue. Le général Renault se plaça à la tête des troupes qui devaient attaquer de front, et la porte du côté d'Acqua-Fredda fut abattue à coups de hache par le génie.

Les hussards du 2e régiment, composant mon escorte, sous la vigoureuse impulsion de leur chef, le capitaine commandant Lecomte, se ruèrent sur un piquet de hussards autrichiens qui se trouvaient dans la ville et le sabrèrent. Ces cavaliers ont fait preuve d'un grand élan; ils ont eu plusieurs blessés et ont tué et blessé quelques hommes à l'ennemi.

A neuf heures et un quart, le 3e corps est arrivé à hauteur de Medole. En entrant dans ce village, j'ai appris que le 4e corps était engagé en avant de moi. L'aile droite de ce corps, commandée par le général de Luzy, avait dû soutenir des attaques très-sérieuses, et, menacée d'être tournée, elle demandait instamment à être appuyée.

Le général commandant le 4ᵉ corps m'adressait également plusieurs officiers pour me demander d'envoyer des renforts sur son centre, qui avait eu beaucoup à souffrir.

A ce moment même, je recevais de l'Empereur communication d'une lettre par laquelle on annonçait qu'un corps de 25,000 à 30,000 hommes était sorti de Mantoue par la porte Pradella, dans la journée d'hier 23, et que ses avant-postes étaient au village d'Acqua-Negra. Ces renseignements étaient, du reste, corroborés par le général de Luzy, qui annonçait avoir vu une colonne considérable passer de sa gauche vers sa droite, par des renseignements émanant des gens du pays, enfin par une indication consistant en une longue traînée de poussière se dirigeant du côté d'Assola vers Acqua-Fredda.

Pour faire face aux exigences de la situation, je m'empressai d'envoyer le général Renault, avec six bataillons, soutenir le général de Luzy sur la route de Ceresara. Le 41ᵉ prit position à 2 kilomètres de Medole, à cheval sur la Seriola-Marchiouale. Le 56ᵉ fut placé en retour, faisant face à Castel-Goffredo, de manière à surveiller le mouvement tournant annoncé de la part de l'ennemi. Une section d'artillerie se mit en batterie sur la route à hauteur des tirailleurs, et fit feu sur les colonnes autrichiennes qui se dirigeaient sur notre droite.

Cette disposition permit à la division de Luzy d'appuyer à gauche, vers le centre du général Niel, et, vers une heure de l'après-midi, les attaques sur Rebecco paraissant plus menaçantes, j'appelai la totalité de la division Renault, moins deux bataillons du 23ᵉ de ligne, que je laissai à la garde de Medole. La division fut alors établie sur la droite et la gauche de la Seriola, se reliant fortement à la droite du 4ᵉ corps, qu'elle suivit dans un mouvement prononcé que ce dernier dut faire vers la gauche.

Une partie de la division Renault se trouva donc, par

suite de ce mouvement, à hauteur de Rebecco, sur lequel durent se porter **un** bataillon du 56e, le 90e avec deux compagnies du 8e bataillon de chasseurs à pied et une section d'artillerie. Cette attaque fut dirigée de la manière la plus énergique par le colonel Guilhem, du 90e, et le commandant Schwartz, du 56e. Cette colonne arriva en ligne au moment où le 73e (division de Luzy), débordé sur sa droite, était menacé d'être tourné ; une vigoureuse charge à la baïonnette du 56e, dirigée par le commandant Schwartz, eut un plein succès, et plus tard, vers les cinq heures, cette portion de la division Renault occupait le village de Rebecco.

Le 3e corps avait, en raison des éventualités qui pouvaient se produire sur sa droite, disposé d'une partie déjà bien importante de ses forces, et cependant de nouvelles demandes lui étaient adressées instamment, afin d'appuyer le centre du 4e corps, sur lequel l'ennemi faisait, comme sur la droite, un effort désespéré. Supposant que la division Bourbaki, ainsi que la brigade Collineau, de la division Trochu, seraient suffisantes pour repousser le corps ennemi annoncé de Mantoue, j'envoyai le général Trochu avec la brigade Bataille de sa division au général Niel, pour être placé entre les divisions de Failly et Vinoy, du 4e corps.

A quatre heures, cette brigade entrait en ligne ; les bataillons en colonne serrée par division, dans l'ordre en échiquier, que je leur prescrivis sur le terrain, l'aile gauche refusée et l'artillerie à portée d'agir efficacement. Ce renfort permettait au général Niel de prononcer un mouvement offensif, qui a d'abord repoussé l'ennemi ; mais celui-ci ayant opéré un retour, la brigade Bataille a été lancée de nouveau, et, conduite avec un admirable entrain par le général Trochu, a refoulé définitivement l'ennemi, qui n'a pas reparu.

Dans cette marche rapide fournie jusqu'à la route de

Ceresara, le 44e, formant l'aile droite, a été un instant débordé par l'ennemi; mais, sur l'ordre du général Bataille, dont je ne saurais trop louer le courage et le sang-froid, les deux derniers bataillons, vigoureusement conduits par le colonel Pierson et le commandant Condamin, ont fait face à droite, marché rapidement sur la tuilerie, et serré si près l'ennemi, qu'ils lui ont fait des prisonniers et l'ont forcé à abandonner deux pièces, qui ont été prises.

Le 43e de ligne, dont un bataillon s'est trouvé un instant très-sérieusement engagé, a montré une grande solidité. J'ai le regret d'annoncer à l'Empereur que son chef, le colonel Broutta, a été mortellement blessé.

Le 19e bataillon de chasseurs à pied s'est également distingué par son élan.

Pour soutenir le mouvement de la brigade Bataille, j'avais prescrit au général Courtois d'Hurbal de faire avancer son artillerie de réserve, qui était venue prendre position.

J'avais envoyé le colonel Besson, mon chef d'état-major général, sur la route de Medole à Castel-Goffredo, pour s'assurer si les reconnaissances du général Bourbaki avaient pu faire découvrir quelque chose des projets de l'ennemi, au sujet du mouvement tournant annoncé. De forts détachements de uhlans, appuyés par de l'artillerie légère, avaient pu faire croire à la réalisation de cette attaque, à laquelle il était indispensable de parer; mais, comme il avait été constaté à plusieurs reprises qu'aucun corps d'infanterie ne paraissait derrière la cavalerie, je crus pouvoir laisser la brigade Collineau, de la division Trochu, seule pour couvrir Medole et faire entrer en ligne la division Bourbaki. A partir de ce moment, notre position était entièrement assurée.

La part prise par le général Trochu au succès de la journée mérite d'être signalée toute spécialement, et fait le plus grand honneur à cet officier général, qui se loue beaucoup de son aide-de-camp, le capitaine Capitan, lequel a eu un cheval tué sous lui.

Les pertes éprouvées par les troupes du 3ᵉ corps, engagées dans la bataille du 24 juin, s'élèvent à 250 tués ou blessés, parmi lesquels 3 officiers tués et 12 blessés.

De Votre Majesté,

Sire,

Le très-fidèle sujet,

Maréchal CANROBERT.

Bulletin autrichien.

L'armée impériale avait occupé, le 21 juin, les positions qui lui avaient été assignées derrière le Mincio; le 8ᵉ corps d'armée se tenait à l'extrémité de l'aile droite, entre Peschiera et Casa-Nuova : le 5ᵉ corps d'armée s'étendait de Brentina à Salionze; le 1ᵉʳ et le 7ᵉ corps étaient en réserve à Quaderni et à San-Zenore-di-Mozzo; la cavalerie et l'artillerie de réserve à Rosegaferro, près de Villafranca, où le quartier-général de l'empereur avait été transporté depuis le 20 juin.

De la 1ʳᵉ armée, le 3ᵉ corps se trouvait tout près de Pozzolo, le 9ᵉ à Goïto et aux environs, le 11ᵉ corps d'armée arrivé entre temps était à Roverbella, la division de cavalerie du lieutenant feld-maréchal comte Zedwitz à Mozzecane.

L'armée autrichienne se trouvait ainsi réunie aux renforts disponibles qu'elle avait reçus, et mise de la sorte en mesure de pouvoir prendre contre l'ennemi, bien qu'encore supérieur en nombre, une vigoureuse offensive avec quelque chance de succès.

De plus, les dernières nouvelles que nous avions reçues sur les mouvements et les intentions probables de l'ennemi nous firent croire que nous devions précipiter l'attaque le plus possible. En conséquence, le 23 juin fut désigné pour le passage du Mincio.

L'ennemi s'était provisoirement borné à occuper fortement la ligne de la Chiese, sans suivre l'armée impériale dans sa retraite au-delà du Mincio. Une patrouille, composée d'un escadron de hussards Empereur, d'un escadron de uhlans de Sicile et de deux pièces d'artillerie à cheval, sous le commandement du major Appell, du régiment de uhlans que nous venons de nommer, avait été chargée de reconnaître le pays coupé de collines qui se trouve entre les deux fleuves; elle n'avait nulle part rencontré de colonnes importantes, mais seulement quelques détachements isolés.

A Chiodino et à Castel-Venzago, il y eut des escarmouches, qui se terminèrent par la retraite de l'ennemi, et dans lesquelles nous perdîmes 2 officiers, 5 hommes et 9 chevaux.

La 1re armée avait également envoyé vers la Chiese des reconnaissances qui ne rencontrèrent nulle part l'ennemi.

Le 23 juin, au matin, l'armée autrichienne commença son mouvement en avant. L'extrémité de l'aile droite était formée par la brigade Reichlin, du 6e corps d'armée, qui, arrivée de Roveredo, se porta à travers le camp retranché de Peschiera vers Ponti, pour s'y joindre au 8e corps d'armée, qui passa le Mincio près de Salionze et atteignit Pozzolengo sans avoir éprouvé de la part de l'ennemi la moindre résistance.

Le 5e corps d'armée passa le fleuve à Valeggio et se dirigea sur Solferino; le 1er corps d'armée suivit le 5e et remonta vers Cavriana.

Le 7e corps d'armée et la division de cavalerie de réserve du lieutenant feld-maréchal comte Mensdorff passèrent le

Mincio sur un pont de chevalets près de Ferri, entre Massimbona et Pozzolo, et se rendirent, le premier à Foresto, la seconde au-delà de cette localité jusqu'aux Tezze, près de Cavriana.

Toutes les parties de la seconde armée placée sous les ordres du général de cavalerie comte Schlick atteignirent, dans le courant de l'après-midi, les points qui leur avaient été désignés, sans rencontrer l'ennemi, et le soir, les avant-postes furent avancés de Casa-Zapaglia jusqu'à le Grole, en passant par Contrada-Mascolara et Madona della Scoperta.

La 1re armée, sous le commandement du feldzeugmestre comte Wimpffen, formait l'aile gauche de l'avant-garde et passa également le Mincio à Ferri, avec le 5e corps d'armée; le 9e et le 11e corps, ainsi que la division de cavalerie du lieutenant feld-maréchal comte Zedvitz, effectuèrent leur passage à Goïto. Cette dernière division, appuyée par le 9e corps d'armée, s'avança jusqu'à Medole; le 5e et le 9e corps d'armée campèrent à Guidizzolo, et le 11e, comme réserve, à Castel-Grimaldo.

Du 2e corps d'armée, la division du lieutenant feld-maréchal comte Jellachich reçut l'ordre de se rendre de Mantoue à Marcaria, pour prendre part aux opérations de l'armée principale et pouvoir agir sur le flanc de l'ennemi au-delà de Goffredo.

Le commandant de corps lieutenant feld-maréchal prince Edouard Liechtenstein prit en personne le commandement de cette division. Le 6e corps d'armée avait pour mission d'appuyer, dans la mesure des circonstances, la marche en avant de l'armée par des détachements envoyés du sud du Tyrol.

Pendant que le gros de l'armée autrichienne avait ainsi pris position, dans la soirée du 23, de Pozzolengo à Guidizzolo, pour agir ensuite concentriquement dans la direction de la Chiese et attaquer l'armée ennemie dans ses positions principales de Carpenedole et de Montechiaro, l'ennemi, soit qu'il eût été informé de nos projets, soit qu'il exécutât un plan arrêté d'avance, fit également un mouvement en avant, et, le 23, il avait, avec toute l'armée piémontaise et quelques détachements français forts de 60 à 70,000 hommes, atteint les points d'Esenta, Desenzano et Rivoltella, ainsi que les positions avancées de Castel-Venzago et de San-Martino, pendant que le gros de l'armée française occupait fortement Castiglione delle Stiviere, Carpenedole et Montechiaro, et envoyait des détachements jusque vers Solferino et Medole.

Les deux armées se rencontrèrent. Dès le 24, de grand matin, l'ennemi entreprit avec des forces considérables une attaque générale contre la ligne de marche de l'armée autrichienne.

A l'aile droite, les troupes du 8e corps d'armée, sous la conduite du lieutenant feld-maréchal Benedeck, réussirent non-seulement à soutenir et à repousser le choc violent de l'armée piémontaise, mais encore elles poussèrent jusqu'à San-Martino, s'emparèrent de cette position favorable et parvinrent à y maintenir la lutte.

Les troupes piémontaises furent repoussées avec des pertes considérables jusqu'à Rivoltella et Dezenzano.

Au centre des positions autrichiennes, dont les hauteurs qui dominent Solferino formaient la clef, la brigade Biels, avant-garde du 5e corps d'armée, fut également attaquée avec violence de très-grand matin dans sa position avancée et se trouva engagée dans une lutte ardente. L'attaque ennemie se développa bientôt avec des forces de beaucoup supérieures sur toute la ligne du 5e corps d'armée.

Au premier rang, les brigades Biels et Puchner (infanterie Kinsky et Culoz, le 1er bataillon Ogulins et 4e bataillon chasseurs de l'empereur) firent preuve d'une bravoure et d'une énergie admirables ; elles repoussèrent à la baïonnette, jusqu'à onze heures du matin, toutes les attaques d'un ennemi trois fois plus nombreux, qui cependant avançait sans cesse de nouvelles troupes, mettait de nouveaux canons en batterie, et, à une distance de près de 5,000 pas, inondait avec succès Solferino de grenades.

Cependant, lorsque l'ennemi, avec une forte division, pénétra aussi dans la vallée au nord de Solferino et dans le val de Quadri, menaçant ainsi de déborder la position des brigades ci-dessus nommées, il fut impossible, même avec la résistance opposée par les brigades Koller et Gaal, du 5e corps d'armée, qui étaient arrivées pendant ce temps, de rétablir dans de bonnes conditions le combat, qui, dès midi, commença à prendre une tournure défavorable.

N'étant pas appuyées avec une énergie suffisante par le 1er corps d'armée, les troupes du 5e corps, qui, après avoir été repoussées à plusieurs reprises, s'étaient de nouveau lancées en avant avec les réserves et avaient reconquis leurs premières positions, se virent enfin obligées d'abandonner les premières hauteurs qui commandent le champ de bataille et de se retirer sur les cimes de Monte-Mezzana ; puis, lorsque de fortes colonnes ennemies s'avancèrent sur la route qui, de Castiglione, conduit par le Grole à Solferino, elles durent évacuer cette dernière localité et se borner à occuper le château, le cimetière et la Rocca, et enfin, après une héroïque résistance, il leur fallut aussi céder ces dernières positions.

Ce n'est qu'après la lutte la plus sanglante et au prix de sacrifices énormes que l'ennemi parvint à arracher ces points dominants au brave régiment Reschach, qui, avec un admirable dévouement, protégea et couvrit le départ des troupes de son propre corps et de celles du 1er, non sans faire les pertes les plus considérables. Les troupes du 5e corps se retirèrent à Mescolaro et Pozzolengo, celles du 1er se replièrent sur Cavriana, et de là sur Volta et Valeggio.

Le 7e corps d'armée, qui de Foresto s'était avancé pendant ce temps-là en partie vers Solferino en passant dans la plaine par San-Cassiano, en partie vers Cavriana en passant par les hauteurs situées au sud de cette dernière localité, n'arriva malheureusement plus à temps pour retarder la perte de Solferino et donner sur ce point une tournure favorable à la lutte. Par contre, il réussit, en occupant Cavriana et les collines environnantes, à protéger la retraite du centre jusqu'à ce que l'ennemi, s'avançant des hauteurs de Solferino qui dominent cette dernière position et la foudroyant de son artillerie, elle ne fût plus tenable.

La division de cavalerie Mensdorff, composée de trois brigades, s'était dès le matin avancée dans la plaine au-delà du Val de Termine, pour s'emparer du terrain ouvert et favorable aux mouvements de la cavalerie qui se trouve entre Casa-Morino et San-Cassiano. Elle attaqua les batteries ennemies établies à cheval sur la route et les détachements de cavalerie; mais elle eut à essuyer un violent feu croisé de quatre à cinq batteries et dut se retirer. Pendant que le 7e corps se portait en avant, cette division de cavalerie chercha à appuyer par son artillerie les mouvements de ce corps, mais elle ne put résister au feu de l'ennemi, qui disposait d'un beaucoup plus grand nombre de canons.

Sur l'aile gauche, les détachements de la 1re armée, envoyés dès le 25 au soir en avant à Medole (2 bataillons du régiment d'infanterie archiduc François-Charles), furent violemment attaqués au point du jour, et, après une lutte acharnée, rejetés vers Guidizzolo.

L'ennemi, en les poursuivant, s'empara du village de Rebecco, situé entre Guidizzolo et Medole, et s'y établit avec des forces imposantes.

Le 9e et le 3e corps d'armée arrivaient, cependant, de Guidizzolo; le dernier s'avança sur la grand'route jusqu'à la Quagliara, mais ne put aller au-delà, car le 9e corps ne parvint pas, malgré tous ses efforts, à déloger l'ennemi de Rebecco.

Pendant plusieurs heures, le combat se livra pour la possession de cette localité, où l'ennemi envoyait constamment de Medole des réserves fraiches, tandis que, de notre côté, nous détachions de suite du 11ᵉ corps, arrivé de Castel-Grimaldo, la division Blomberg (brigades Dobrensky et Host) pour appuyer le 9ᵉ corps d'armée, et la brigade Baltin pour couvrir le 3ᵉ corps. La localité de Rebecco fut plusieurs fois prise et reperdue ; la lutte s'arrêta plusieurs fois ; et chaque fois l'armée autrichienne reprit l'offensive.

Mais, bien qu'appuyées par une attaque énergique contre Medole, les troupes du 9ᵉ et du 11ᵉ corps, malgré de vigoureux efforts et des pertes considérables, ne purent obtenir aucun avantage durable. Le 3ᵉ corps se trouva par là arrêté dans sa marche en avant, et il résista avec une admirable persévérance aux violentes attaques de l'ennemi, qui se renforçait sans cesse.

La division de cavalerie Zedwitz, dont l'appui était indispensable et continuellement attendu pour dégager l'aile gauche, ne vint pas, attendu que, par suite du combat livré le matin de bonne heure à Medole, elle avait dû se retirer jusqu'à Ceresara et Goïto.

Le mouvement de flanc que deux brigades du 2ᵉ corps d'armée avaient l'ordre d'exécuter, et qui pouvait avoir un effet décisif sur le flanc et les derrières de l'ennemi, ne fut pas non plus exécuté, car la nouvelle de l'approche d'un gros corps ennemi venant de Piadena et Crémone (où se trouvait, en effet, la division d'Autemarre) retint cette division à Marcaria dès qu'elle eut passé l'Oglio.

L'aile gauche, sur l'ordre de l'Empereur, essaya encore une fois, vers trois heures de l'après-midi, de reprendre l'offensive.

Après que la brigade Greschke, du 11e corps d'armée, se fut avancée jusqu'à Guidizzolo pour rallier les détachements déjà ébranlés de son propre corps et du 9e, les deux dernières batteries de réserve furent amenées, sous la protection de deux bataillons et de deux divisions de cavalerie, pour canonner l'artillerie ennemie, pendant que, espérant toujours dans l'appui de la cavalerie de réserve, les troupes faisaient encore une attaque générale. Mais ce fut en vain ; fortement et sans cesse pressées sur le flanc gauche, ces troupes ne purent cette fois encore obtenir un bon résultat.

Vers le même temps, Cavriana, après une vaillante résistance, était aussi tombé au pouvoir de l'ennemi ; deux brigades du 7e corps d'armée, enflammées par la présence de S. M. l'empereur, avaient défendu longtemps avec des chances diverses cette localité et les hauteurs environnantes ; l'aile gauche de ce corps, appuyée par la division de cavalerie Mensdorff, qui revenait à la charge pour la troisième fois, fit encore une dernière et inutile tentative pour repousser l'ennemi, qui s'avançait en forces supérieures de San-Cassiano à Cavriana.

Le centre ayant ainsi cédé à Solferino et à Cavriana, l'aile gauche ne pouvait plus forcer la position de l'ennemi, et à quatre heures de l'après-midi on décida la retraite générale.

A l'aile gauche, elle fut couverte avec beaucoup de prudence par les deux derniers bataillons intacts du régiment d'infanterie archiduc Joseph et le brave 10e bataillon de chasseurs, sous la direction personnelle du lieutenant feld-maréchal Wiegl, commandant le corps d'armée ; Guidizzolo ne fut abandonné qu'à dix heures du soir, après que toutes les troupes eurent évacué la place, emmené les blessés et mis les batteries en sûreté.

Au centre, la retraite fut couverte par les troupes du

7e corps d'armée, qui firent preuve de fermeté et de dé-vouement, et l'on se retira en bon ordre et en combattant par Bosco-Scuro, derrière Cavriana.

Un violent orage ayant interrompu de part et d'autre le combat pendant une demi-heure, l'ennemi cessa complète-ment de s'avancer dans le Bosco-Scuro. Les brigades Brandenstein et Wüssin (les braves régiments d'infanterie archiduc Léopold et Empereur, le 19e bataillon de chas-seurs et le 1er bataillon de Liccans), se retirèrent en bon ordre à Volta, sous la conduite du lieutenant feld-maréchal prince de Hesse; elles y arrivèrent à huit heures du soir et l'occupèrent convenablement pour couvrir la retraite du train de l'armée à travers le défilé difficile de Borghetto et Valeggio.

La brigade Gablentz, de la même division, occupa jus-qu'à dix heures du soir les hauteurs situées immédiatement en face de Cavriana, avec deux bataillons d'infanterie Gru-cher et trois bataillons de chasseurs Empereur, et, après avoir reçu tous les petits détachements qui se retiraient, elle se replia tard, dans la nuit, sur Volta, et dès le point du jour, elle passa le Mincio sur le pont de Ferri.

A l'aile droite, le 8e corps d'armée s'était maintenu dans les conditions de lutte les plus favorables. Dès que le 5e corps d'armée eut commencé sa retraite vers Pozzolengo, le lieutenant feld-maréchal Benedeck se retira aussi sur Salionze, après avoir repoussé deux attaques de l'ennemi en forces supérieures et lui avoir fait 400 prisonniers.

Pozzolengo resta occupé jusqu'à dix heures du soir par les troupes du 8e corps d'armée, ce qui rendit possible la retraite ordonnée des troupes du 5e et du 1er corps.

Dans ces combats, comme dans les autres, les troupes impériales se sont battues avec une admirable bravoure.

Les troupes des 5e et 8e corps d'armée, qui ont été conduites avec beaucoup de prudence et d'activité, se sont comportées d'une manière admirable et ont fait preuve d'un dévouement au-dessus de tout éloge.

Du 1er corps d'armée, le régiment italien Wernhardt-infanterie, qui s'est très bravement battu, est cité d'une manière tout à fait honorable dans le rapport détaillé du commandant d'armée. Dans la cavalerie, le régiment de hussards roi de Prusse mérite la mention la plus glorieuse ; ce régiment, sous le feu le plus violent des batteries enne-mies, a exécuté une charge contre le régiment français des chasseurs d'Afrique, auquel il a fait subir des pertes con-sidérables ; de plus, il a fait à l'ennemi de nombreux pri-sonniers.

Nos pertes, surtout en officiers, sont très considérables ; dans quelques corps de troupes, elles s'élèvent au quart de l'effectif total. Les rapports détaillés et nominatifs des pertes ont déjà été donnés par la *Gazette de Vienne*. Mais l'ennemi a éprouvé aussi des pertes énormes, notamment à l'assaut de Cavriana et de Solferino.

Sur aucun point, il n'a osé contrarier le moins du monde la retraite de nos troupes.

Au centre, il n'a pas poussé plus loin que Cavriana ; sur les deux ailes, l'ennemi n'avait pu gagner un pouce de ter-rain sur nos troupes.

De notre côté, les 1er, 3e, 5e, 7e, 8e, 9e et 11e corps d'armée, et une brigade du 6e, avaient pris part au combat ; du côté de l'ennemi, il y avait, au dire des prisonniers, 5 régiments de cavalerie, les corps d'armée de Niel et de Mac-Mahon à l'aile droite, en face de l'aile gauche autri-chienne ; au centre, les corps d'armée de Canrobert (1) et de Baraguey-d'Hilliers, puis la Garde, et enfin toute l'ar-mée piémontaise à l'aile gauche, de sorte que toute l'armée ennemie était engagée.

(1) On voit que le rapport autrichien fait ici une erreur : le Maréchal Canrobert était à l'extrême droite de l'armée alliée.

L'armée autrichienne n'est pas ébranlée, et elle se tient prête à combattre dans les positions qui lui ont été désignées par l'Empereur. Si les forces supérieures de l'ennemi et un concours de circonstances contraires lui ont cette fois encore dérobé la palme de la victoire, elle se sent, cependant, encouragée et relevée par la conscience qu'elle a d'avoir non-seulement donné à l'arrogant agresseur des preuves réitérées de sa vaillance et de sa fermeté, mais encore, dans cette nouvelle rencontre, de lui avoir causé aussi de grandes pertes, d'avoir essentiellement ébranlé ses forces et contribué par là, au moins en partie, à amener le succès final.

(Gazette de Vienne.)

Rapport du général Renault au Maréchal Canrobert, sur les événements de la journée du 24 juin 1859.

Au quartier-général à Rebecco, le 24 juin 1859.

Monsieur le Maréchal,

Conformément à vos ordres, la 2ᵉ brigade de ma division a quitté *Mezzane* le 25, à sept heures du soir, pour venir s'établir sur les bords de la Chiese, à la hauteur de *Visano*, où vous aviez décidé qu'un pont devait être jeté.

Avec cette brigade, commandée par M. le général Jannin, marchaient la compagnie du génie attachée à la division (commandant Massu), et un équipage de pont de l'armée piémontaise.

Le pont fut établi dans de bonnes conditions, pendant la nuit du 23 au 24, et le général Jannin put franchir la Chiese ce matin, au point du jour.

La 1ʳᵉ brigade et l'artillerie de ma division partirent ce matin, à trois heures, de *Mezzane*, se dirigeant sur *Visano*. Dès cinq heures, le passage de la rivière s'effectua sans incidents notables.

A cinq heures et demie, je me suis mis en marche d'après vos ordres, sur la petite ville de *Medole*, en passant par *Aqua-Fredda* et *Castel-Goffredo*.

La tête de ma colonne était en vue de cette dernière localité à sept heures et demie ; sachant, d'après les renseignements que vous avez bien voulu me communiquer, que cette place, entourée d'une vieille muraille, était encore occupée par l'ennemi, qui en avait barricadé les portes, je pris les dispositions suivantes pour en brusquer l'attaque :

M. le général Jannin, à la tête d'un bataillon du 56ᵉ, dut tourner la position et se diriger au sud de la place pour y pénétrer par la porte de *Mantoue*. Je me mis moi-même à la tête des troupes qui devaient attaquer de front. — La porte d'*Aqua-Fredda* était fermée et barricadée ; je la fis abattre à coups de hache par la compagnie du génie. Pendant l'exécution de ce travail, je prescrivis à ma tête de colonne de continuer sa marche, de manière à opérer sa jonction avec le général Jannin. Ce mouvement, exécuté avec une grande précision et avec entrain de la part de nos troupes, nous permit de faire prisonniers quelques uhlans qui sortaient par une porte, pendant que nous entrions par l'autre. Un peloton du 2ᵉ hussards, qui précédait mon infanterie, sabra leur arrière-garde.

J'ai beaucoup à me louer de l'énergie et de l'élan dont M. le sous-lieutenant *Woroniez*, du 56ᵉ, qui commandait l'avant-garde, a fait preuve dans cette circonstance.

A neuf heures du matin, la tête de colonne de ma division arrivait à Medole, que la division Luzy venait d'enlever à l'ennemi ; j'y fus relever ses postes et j'allai m'installer à l'est de la ville, faisant face à Guidizzolo.

A peine arrivée au bivouac, la 2ᵉ brigade de ma division se porta, sous les ordres du général Jannin, dans la direction de Cérésara pour soutenir la division Luzy, qui était très fatiguée et menacée d'être tournée par l'ennemi. Le 41ᵉ de ligne prit position à 2 kilomètres de Médole, à cheval sur la Sériola-Marchionale. Le 56ᵉ se plaça en retour, faisant face à Castel-Goffredo, de manière à me garantir d'un mouvement tournant de la part de l'ennemi. Une section d'artillerie, de *canons rayés*, se mit en batterie sur la route, à hauteur de nos tirailleurs, et tira sur les colonnes autrichiennes qui se dirigeaient vers notre droite.

A une heure de l'après-midi, la division Luzy ayant quitté ses positions pour se porter sur *Rebecco*, je fis, d'après vos ordres, avancer pour la remplacer toutes mes troupes, à l'exception de 2 bataillons du 23ᵉ, laissés à la garde de Médole. Je les établis sur deux lignes, à droite et à gauche de la Sériola-Marchionale, me reliant, par ma gauche, à la droite du 4ᵉ corps.

A deux heures, M. le général Niel me fit prévenir qu'il appuyait à sa gauche, me demandant de suivre son mouvement. Je prescrivis à M. le commandant *Schwartz*, du 56ᵉ, de se porter sur Rebecco et de se relier, par ses tirailleurs, avec le 4ᵉ corps.

M. le colonel *Guilhem*, du 90ᵉ, dut protéger ce mouvement avec les trois bataillons de son régiment, une section d'artillerie et deux compagnies du 8ᵉ bataillon de chasseurs à pied.

M. le commandant Schwartz engagea sa troupe de la manière la plus heureuse. Il arriva en ligne au moment où le 73ᵉ, débordé sur sa droite, allait être tourné ; il exécuta une charge à la baïonnette qui lui donna 40 prisonniers. En même temps que ce mouvement s'exécutait, le colonel Guilhem, du 90ᵉ, occupait Rebecco avec le 3ᵉ bataillon de son régiment, et plaçait en réserve, en arrière de ce village, ses deux autres bataillons. Peu de temps après, m'étant bien convaincu que nous n'avions plus aucun danger à redouter sur notre droite, je renforçai ma gauche de deux bataillons disposés en échelons, de manière à protéger le village de Rebecco, à la possession duquel l'ennemi paraissait attacher une grande importance.

A quatre heures et demie, une tourmente violente mit fin au combat de notre côté.

Je ne saurais trop me louer de l'élan des troupes placées sous mes ordres et de la précision avec laquelle elles ont manœuvré dans cette journée; en outre de M. le commandant Schwartz, du 56°, que je recommande d'une manière toute particulière à votre bienveillance, je dois vous signaler, comme ayant fait preuve d'un coup d'œil militaire remarquable, M. le colonel Guilhem, récemment promu, qui a su gagner la confiance de ses troupes et qui la mérite à tous égards.

Je viens d'établir mes bivouacs à l'est de Rebecco, de manière à couvrir cette localité et à menacer celle de Guidizzolo.

Je ne connais point encore le chiffre de mes pertes; mais je puis, dès à présent, vous donner l'assurance qu'elles sont minimes, surtout si l'on considère l'importance du résultat obtenu.

Veuillez agréer, Monsieur le Maréchal, l'hommage de mon respectueux dévouement.

Le général commandant la 1re division,

RENAULT.

Lettre du général Renault au Maréchal Canrobert, au sujet du chiffre peu élevé des pertes de sa division dans la journée du 24.

Au quartier-général de Guidizzolo, le 26 juin 1859.

Monsieur le Maréchal,

J'ai reçu la lettre que Votre Excellence m'a fait l'honneur de m'écrire ce matin, au sujet de l'exiguité des pertes de ma division dans la journée du 24.

Ainsi que vous, Monsieur le Maréchal, j'ai été tout d'abord frappé du petit nombre d'hommes que j'ai eus hors de combat, et je crois en avoir parfaitement trouvé le motif, tant par mes appréciations personnelles que par les renseignements que j'ai ensuite recueillis ici.

L'empereur d'Autriche assistait en personne à la bataille; il se tenait à Guidizzolo, où il pensait coucher, puisqu'il y avait commandé un logement (1). Mais, pour être en sûreté dans Guidizzolo, il fallait qu'il restât aussi maître de Rebecco. C'est ce qui explique la longue résistance des Autrichiens dans ce dernier village, et par suite, les grands efforts qu'il a fallu faire pour le lui enlever.

La division de Luzy était, comme vous l'avez vu vous-même, très fatiguée et menacée d'être débordée, lorsque je suis entré en ligne à une heure. Mais ce n'est pas sans faire beaucoup de mal à l'ennemi et sans le fatiguer lui-même beaucoup qu'elle s'était épuisée. C'est à ce moment que mes têtes de colonnes se sont précipitées sur lui avec un élan incroyable. La vivacité de cette attaque, faite par

(1) La présence de cet empereur à Guidizzolo, après sa retraite de Cavriana, explique l'opiniâtreté des attaques et les efforts désespérés de son aile gauche (1re armée), contre la droite des alliés.

des troupes fraîches *et préparée par la mitraille*, a précipité la chute de Rebecco.

L'ennemi se trouvait alors dans une situation où le chiffre de ma division a dû lui paraître plus considérable encore qu'il ne l'était, attendu que la chaussée de droite était couverte de mes troupes et de mon artillerie; ses uhlans, que j'avais sur mon flanc droit depuis sept heures du matin, devaient aussi le tenir au courant de notre approche.

Il est donc probable qu'à l'ahurissement causé par la brusquerie de mon attaque, a dû se joindre pour lui la crainte de voir sa gauche débordée et le village de Guidizzolo attaqué au sud et au sud-est, attaque qui eût gravement compromis sa retraite et celle de son empereur.

Il n'est pas donc étonnant que, dans une pareille situation d'esprit, l'ennemi nous ait fait peu ou point de mal, tandis que de notre côté nous avons dû lui causer des pertes sensibles.

Telles sont les raisons qui me paraissent expliquer le peu de pertes que j'ai éprouvées, eu égard à l'effectif que j'ai engagé et au temps que mes têtes de colonnes ont été aux prises avec l'ennemi, et je m'en réjouis avec vous.

Veuillez agréer, Monsieur le Maréchal, l'hommage de mon respectueux dévouement.

Le général commandant la 1re *division,*

RENAULT.

*Rapport du général Trochu sur la part que la 2ᵉ division
du 3ᵉ corps a prise à la bataille du 24 juin 1859.*

Rebecco, le 25 juin 1859.

Monsieur le Maréchal,

Hier, conformément à vos ordres, j'ai quitté, à midi et demi, ma position en arrière de Médole, pour me porter en avant du village, à l'appui du 4ᵉ corps, engagé depuis le matin avec la plus grande partie des forces autrichiennes, dans une lutte très opiniâtre, dont le théâtre était fort étendu.

J'emmenai avec moi la brigade Bataille, sans sacs, laissant à la disposition du général Bourbaki la brigade Collineau, pour concourir à la défense de notre droite, contre laquelle vos informations vous faisaient juger qu'une attaque serait prononcée par un corps venant de Mantoue.

A une heure et demie, j'arrivais en ligne et me mettais à la disposition de M. le général Niel, commandant en chef le 4ᵉ corps. Le général m'annonça qu'après avoir successivement engagé tout son monde, il me considérait comme sa dernière réserve, et que j'étais probablement destiné à mettre fin vers le centre, à la lutte où les troupes du 4ᵉ corps, prenant et reprenant successivement, avec une admirable énergie, les positions occupées par l'ennemi, avaient vu s'épuiser leurs forces et une grande partie de leur effectif se réduire par des pertes considérables.

J'ai eu, en effet, cet honneur. Vers trois heures de l'après-midi, j'ai conduit la brigade Bataille à l'ennemi, les bataillons en colonnes serrées par division, dans l'ordre en échiquier, conformémement à l'avis que vous m'en aviez donné personnellement, l'aile gauche *refusée*, la seconde ligne me servant de réserve, l'ensemble précédé par une ligne très-étendue de tirailleurs, l'artillerie à portée d'agir efficacement, sous la protection d'une garde spéciale formée d'un bataillon du 45e.

J'avais préalablement dit aux troupes ce que vous et le commandant en chef du 4e corps attendiez d'elles. Elles ont opéré avec un ensemble, une solidité d'attitude et une sorte d'autorité, qui m'ont fait voir que les jeunes soldats de votre 2e division sont devenus de vieux soldats. Ils ont *très-peu* et très-bien tiré. Les bataillons, marchant au pas de charge, ont lestement poussé l'ennemi devant eux, lui faisant des prisonniers et lui tuant beaucoup de monde.

Dans cette marche rapide en avant, conduite jusqu'à la route de Mantoue, le 44e, formant mon aile droite, a été un moment complètement débordé par l'ennemi. Sur l'ordre du général Bataille, les deux derniers bataillons de ce régiment ont fait face à droite, marché rapidement sur la tuilerie, et poussé si énergiquement l'ennemi dans cette direction, qu'ils lui ont enlevé une compagnie et l'ont forcé à abandonner deux pièces qui ont été prises. La solidité du colonel Pierson et du commandant Condamin a été, là, fort remarquée. Je ne puis me dispenser de les signaler ici.

Le 45e, dont un bataillon s'est trouvé un instant très-sérieusement engagé en avant de la ligne, n'a pas montré moins d'énergie, et j'ai le regret de vous annoncer que son chef, le colonel Broutta, y a été mortellement blessé.

Enfin, le 19e bataillon de chasseurs, que je dirigeais personnellement à mon extrême gauche, s'est montré là, comme au combat de Ponte-Vecchio-di-Magenta, l'élite de votre 2e division. Le lieutenant Baumès, qui menait la compagnie la plus avancée des tirailleurs, y a fait preuve, sous mes yeux, du plus brillant courage.

Je termine, Monsieur le Maréchal, en reportant au général Bataille, dont vous connaissez toutes les qualités militaires, la part qui lui appartient dans la réussite de mon opération.

A six heures et demie, tout était terminé; la retraite de l'ennemi était devenue très-précipitée, et la grande route de Mantoue était complètement dégagée. J'ai arrêté là mes têtes de colonnes. Elles étaient en marche depuis quatorze heures; elles manquaient de vivres, avaient combattu dans une plaine sans eau : je ne pouvais leur demander plus. Mon état-major m'a activement et diguement secondé; mon aide-de-camp, le capitaine Capitan, a eu son cheval tué sous lui.

A la nuit tombante, j'ai été rejoint par ma 2ᵐᵉ brigade, et à neuf heures du soir, toute ma division était établie en grand'garde sur le terrain, où sa première brigade avait combattu, ses avant-postes à la route de Mantoue, et s'éclairant en ordre de bataille, conformément aux ordres de M. le général Niel, les positions où le 4ᵉ corps s'était établi au bivouac.

Je vous offre, Monsieur le Maréchal, l'hommage de mon profond respect.

Le général commandant la 2ᵉ division du 3ᵉ corps,

TROCHU.

Nancy, imp. de Hinzelin et Comp.

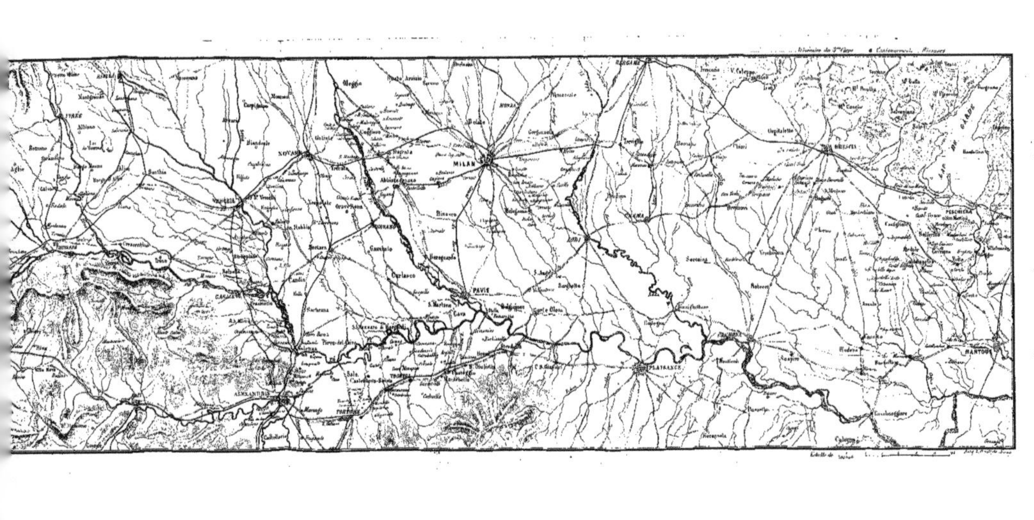